# GO ski

Warren Smith

Traduction : Claude Dallaire

Narration : Claude Quenneville

Broquet

97-B, Montée des Bouleaux,
Saint-Constant, Qc, Canada, J5A 1A9
Tél. : 450 638-3338 / Télécopieur : 450 638-4338
Site Internet : www.broquet.qc.ca / Courriel : info@broquet.qc.ca

Un livre de Dorling Kindersley
www.dk.com

**Catalogage avant publication de Bibliothèque et Archives nationales du Québec et Bibliothèque et Archives Canada**

Smith, Warren, 1972-

Ski
(Go)
Traduction de: Go ski.
Doit être acc. d'un DVD-vidéo.
Comprend un index.

ISBN 978-2-89000-857-1

1. Ski alpin. I. Titre. II. Collection: Go (Broquet (Firme)).

GV854.S6414 2007 796.93'5 C2007-940582-7

**Pour l'aide à la réalisation de son programme éditorial, l'éditeur remercie:**
le gouvernement du Canada par l'entremise du Programme d'aide au développement de l'industrie de l'édition (PADIÉ); la Société de développement des entreprises culturelles (SODEC); l'Association pour l'exportation du livre canadien (AELC),le gouvernement du Québec — Programme de crédit d'impôt pour l'édition de livres — Gestion SODEC.

Titre original: Go Ski

Dépôt légal — Bibliothèque nationale du Québec
3e trimestre 2007

Traduction: Claude Dallaire
Révision de la version française: Denis Poulet, Marcel Broquet
Matriçage: Studio Plasma — Vincent Cardinal
Composition multimédia: Studio Plasma — Pierre-Luc Paré
Narrateur: Claude Quenneville
Éditeur: Antoine Broquet
Adjoint à l'éditeur: Michel Joubert
Direction artistique: Brigit Levesque
Infographie: Sandra Martel

ISBN: 978-2-89000-857-1

Imprimé en Chine

Fun 2

# Table des matières

LEKI
SALOMON

# Comment utiliser ce livre et ce DVD

Ce livre et son DVD d'accompagnement sont parfaitement intégrés et ont été conçus pour vous donner le goût d'aller sur les pentes. Visionnez les techniques essentielles présentées sur le DVD sous forme de séquences vidéo en temps réel d'une grande clarté, dont les éléments les plus importants sont détaillés par des procédés graphiques à la fine pointe ; ensuite, approfondissez le sujet dans le livre.

**Mode d'emploi du livre**

L'idée de dévaler une piste pour la première fois peut vous sembler intimidante. C'est pourquoi ce livre vous explique tout ce que vous devez savoir pour skier en toute sécurité et avec confiance. Vous trouverez au fil des pages des renvois au DVD, où vous pourrez visionner les séquences vidéo qui illustrent et complètent l'information.

**Passez au DVD**

Lorsque cette vignette apparaît dans le livre, passez au DVD pour visionner la séquence filmée appropriée.

**Mode d'emploi du DVD**
Avec ses séquences vidéo et ses procédés graphiques, le DVD est le meilleur moyen d'apprendre les techniques essentielles, présentées en détail. Vous avez accès aux différents sujets au moyen du menu principal, et vous pouvez visionner les séquences qui vous intéressent aussi souvent que vous le désirez.

**Retournez au livre**
Quand vous voyez apparaître cette vignette dans le DVD, rendez-vous aux pages indiquées dans le livre pour en apprendre davantage sur le sujet.

# Pourquoi skier ?

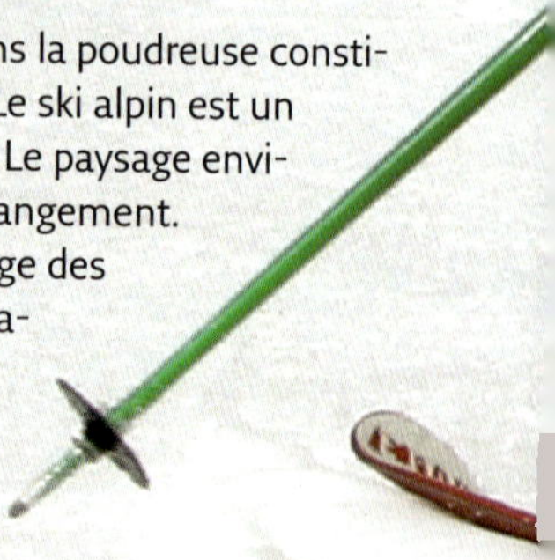

Skier avec aisance en montagne en traçant de profonds sillons dans la poudreuse constitue sans doute l'une des formes de liberté les plus pures qui soit. Le ski alpin est un sport qui récompense vos efforts mais qui sanctionne vos erreurs. Le paysage environnant et la surface sur laquelle vous glissez sont en constant changement. C'est d'ailleurs le principal attrait de ce sport. De la poudreuse vierge des sentiers hors-piste à la neige compacte des pistes travaillées, la pratique du ski vous offre de nombreux défis et vous pousse à développer davantage vos aptitudes physiques et mentales.

Cet ouvrage vous livre les notions de base du ski alpin. À l'aide de techniques détaillées et d'exercices clairement illustrés, vous apprendrez à maintenir votre équilibre. Au fil de vos sorties en montagne, vous pourrez exécuter des virages avec assurance et élégance sur tous les types de surfaces enneigées. Vous apprendrez aussi quelles sont les qualités physiques requises pour pratiquer ce sport et comment renforcer les muscles qui contribuent le plus à développer une bonne technique de base en ski. Bref, cet ouvrage vous offre un aperçu complet de l'un des plus beaux sports au monde.

Que votre apprentissage soit des plus agréables et que ce guide vous mène à la griserie des plus belles descentes !

# go Allez-y !

# Aperçu...

## Vêtements et accessoires : 18-33

Avant d'attaquer les pentes, vous devez d'abord vous procurer des vêtements et des accessoires appropriés. En plus de vous tenir au chaud, vos vêtements doivent être fabriqués à partir de tissus perméables à l'air afin d'évacuer l'excédent de chaleur et d'humidité que dégage votre corps. Votre poids, votre taille, vos capacités ainsi que le type de terrain sont tous des facteurs déterminants dans le choix de vos skis et de vos chaussures.

## Sécurité en montagne : 34-37

La sécurité constitue l'aspect le plus important du ski. En raison de la haute altitude, des écarts de températures importants, de l'étendue de la montagne et des conditions d'enneigement variables, il est essentiel de bien connaître les consignes de sécurité. En montagne, observez toujours les règles de conduite. Soyez au courant des pistes accessibles, des alertes à l'avalanche et des derniers rapports météo.

## Préparation physique : 38-43

Le ski alpin requiert de la force et de l'endurance, surtout en haute altitude. Le développement des muscles sollicités pour pratiquer ce sport ne pourra qu'accroître votre plaisir. L'entraînement réduit également le risque de blessures.

# Le nécessaire

Le choix des accessoires et des vêtements est une étape cruciale. Il détermine votre niveau de sécurité et le plaisir que vous aurez à skier. Il vous faudra des skis, des chaussures, des bâtons, des fixations, des vêtements en plusieurs couches, des gants, des lunettes ainsi qu'un bonnet. Aussi le port du casque est fortement recommandé.

Ne lésinez pas sur la qualité de votre matériel, surtout la veste et le pantalon de ski. En cas de température nettement sous la normale, vous souffrirez du froid si vous n'êtes pas vêtu convenablement. Une paire de chaussures mal ajustées peut gâcher vos vacances de ski. La longueur de vos skis ainsi que le choix du modèle le plus approprié en fonction de votre poids et de vos capacités sont très importants pour progresser et apprécier ce sport.

**Skis**
Choisissez vos skis en fonction de votre poids, de votre taille et de vos capacités.

**Fixations**
Les fixations de ski sont ajustées selon votre poids et vos capacités. Un professionnel se chargera de le faire pour vous.

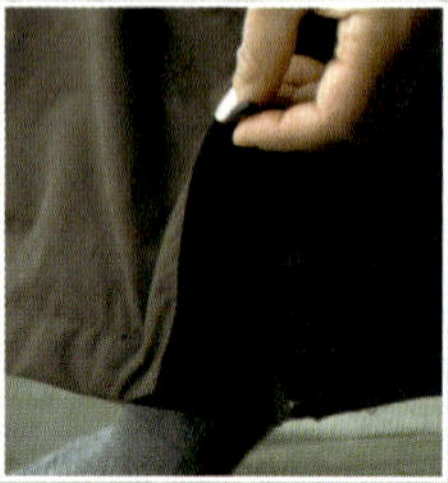

**Pantalon**
Le pantalon devrait être assez ample pour vous permettre de bouger et de vous accroupir avec souplesse.

**Bâtons**
Vos bâtons devraient être légers et munis d'une poignée confortable. Ils doivent être pourvus d'une dragonne.

**Lunettes**
Les verres des lunettes de ski peuvent varier selon le type de protection souhaité contre la luminosité.

**Bonnet**
Environ 30 % de la chaleur corporelle se dissipe par la tête. Il est donc essentiel de vous coiffer d'un bonnet chaud et confortable.

**Veste**
Votre veste devrait vous procurer une liberté d'action et être perméable à l'air.

**Gants**
Vos gants doivent être imperméables. Le type de gants varie selon la protection souhaitée contre le froid.

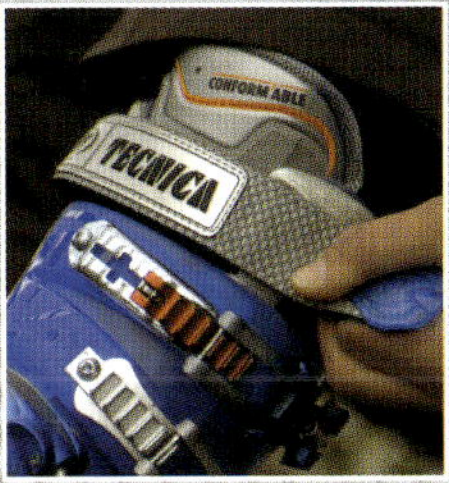


**Chaussures**
Elles doivent être ajustées par un professionnel. Si vous skiez souvent, il est préférable d'en acheter une paire au lieu d'en louer une à chaque sortie.

# Les vêtements

En haute altitude, la température hivernale côtoie la chaleur corporelle. Vos vêtements doivent donc vous isoler et permettre à l'air chaud de se dissiper.

Voici les accessoires essentiels pour vous garder au chaud : une veste, un pantalon ou une salopette, une paire de gants doublés, un pull en laine ou en polar, des chaussettes conçues pour le ski et un bonnet. S'il fait particulièrement froid, envisagez l'achat d'un tricot de corps.

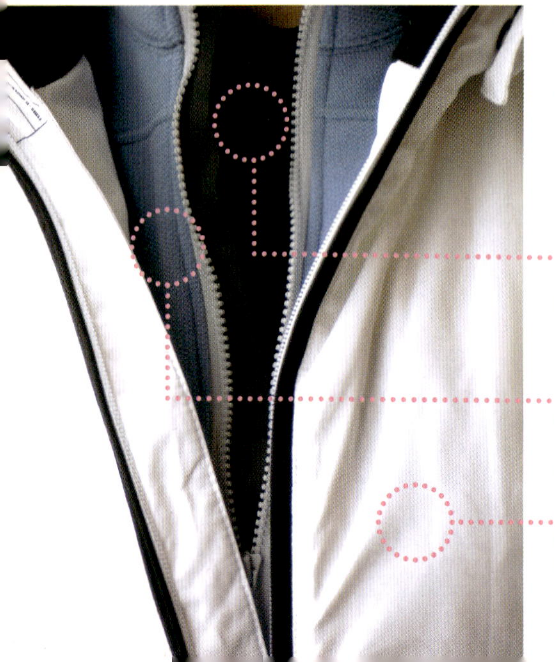

**Vêtements multicouches**

Pour conserver la bonne température, les skieurs revêtent souvent de trois à quatre couches de vêtements. Au lieu de porter une ou deux couches épaisses, il est préférable d'opter pour plusieurs couches minces.

**Couche de base**

C'est la plus importante. Elle est souvent composée de polyester traité. Optez pour un tricot de corps moulant fabriqué de fibres en polyéthylène qui absorbent et évacuent la transpiration.

**Couche intermédiaire**

La couche intermédiaire devrait être isolante. Souvent conçue d'une couche mince de molleton perméable à l'air, elle permet à l'humidité de se dissiper.

**Couche externe**

Elle est constituée de la veste de ski et du pantalon. Elle protège du vent et de la pluie, et devrait aussi être perméable à l'air.

**Ce qu'il faut savoir**

Avant de choisir vos vêtements de ski, prenez bien note des éléments suivants :

- Pour maintenir une température constante, les gants doivent être ajustés. La membrane doit être imperméable et munie d'une courroie ou d'une ceinture élastique au poignet afin d'isoler la main du froid et de l'humidité.
- Le bonnet doit être bien isolé.
- Optez pour des bas conçus pour le ski. L'épaisseur du tissu au niveau du tibia et de la semelle aide à amortir les chocs. Le tissus mince du dessus vous donne plus de souplesse.
- Un manteau à la coupe plus longue empêche la neige de s'infiltrer.
- Les coutures et les fermetures éclair soudées à chaud empêchent l'eau de pénétrer.

# L'équipement de protection

En ski, vous devez vous protéger des éléments, même par beau temps. Il vous faut un équipement de protection pour pratiquer le ski hors-piste ou à haute vitesse, et aussi pour vous protéger du froid et des différents niveaux d'intensité de lumière. Revêtir l'équipement approprié en fonction des conditions de ski peut réduire le risque de blessures graves.

**Les pièces indispensables**

Les lunettes de ski protègent vos yeux du soleil, du vent et de la neige. Elles sont plus sécuritaires que les lunettes de soleil, qui, en cas de chute à haute vitesse, pourraient se briser. Les lunettes de ski à verres dorés se portent par temps ensoleillé, celles à verres argentés par temps partiellement nuageux et celles à verres orangés par temps nuageux ou de faible luminosité. Si vous tombez, un casque de ski vous protège la tête et réduit le risque de blessure.

**Lunettes pour conditions nuageuses**

**Lunettes pour faible luminosité**

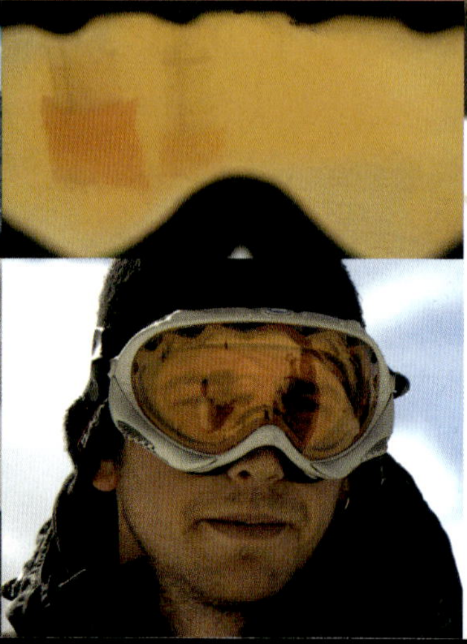

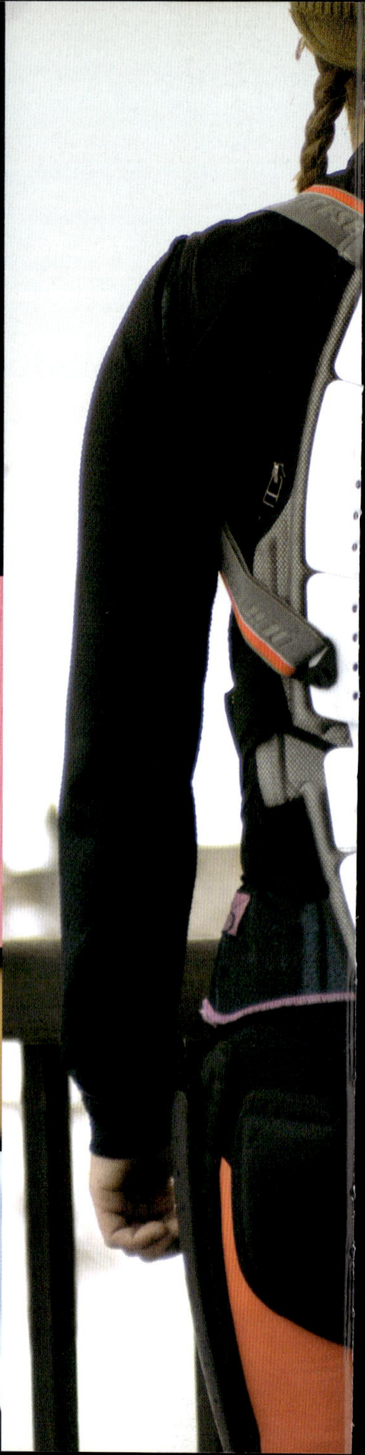

## Protection accrue

Les skieurs qui aiment se dépasser ont besoin d'équipement spécialisé. Une protection dorsale et un pantalon rembourré au niveau des hanches sont utiles pour les amateurs de vitesse ou les adeptes du ski hors-piste. Si vous skiez hors-piste, il est essentiel de prévoir les accessoires suivants :

- Un émetteur avalanche pour envoyer un signal de détresse qui peut aussi capter les signaux des autres émetteurs.
- Une sonde pour localiser un skieur enfoui sous la neige.
- Une pelle à neige compacte pour sortir un skieur enfoui sous la neige.
- Un sac à dos pour transporter la sonde, la pelle, de l'eau et des aliments à haute teneur énergétique.

# Les chaussures

Vos chaussures de ski constituent sans doute l'élément le plus important de votre équipement. Elles supportent vos pieds et assurent le lien entre votre corps et les skis.

Veillez à ce que vos chaussures soient de la bonne pointure. Si elles sont trop serrées, vous aurez mal aux pieds en skiant. Si elles sont trop lâches, vous manquerez de contrôle pour diriger vos skis.

**Caractéristiques des chaussures**
Les chaussures de ski sont moulées de manière à permettre au skieur de les fléchir facilement. La coque supérieure impose une légère avancée à la jambe.

## Bien se chausser

Pour acheter vos chaussures, mieux vaut vous rendre dans une boutique de ski bien établie. Le personnel est compétent et possède l'équipement requis pour ajuster les chaussures.

- Placez-vous debout dans vos chaussures avec vos chaussettes de ski. Fermez les attaches. Si vous devez les boucler très serrées, la chaussure est probablement trop grande.
- Votre gros orteil devrait à peine toucher au devant de la chaussure.
- En fléchissant votre cheville et en poussant votre tibia contre la languette de la chaussure, votre gros orteil devrait s'éloigner du bout de la chaussure.
- Lorsque vous fléchissez la cheville vers l'avant, elle devrait être supportée et ne pas lever avec la chaussure.
- Assurez-vous que vous pouvez fléchir l'articulation de votre cheville d'un mouvement lent et graduel.

**Courroie de tige**
La courroie de tige resserre le collier de la chaussure et supporte le mollet.

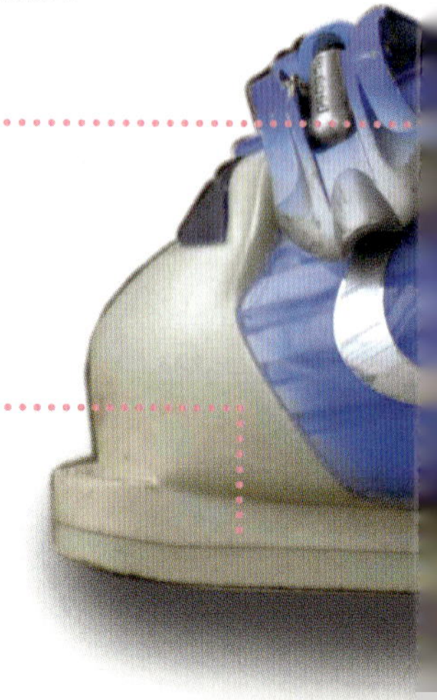

**Coque extérieure**
La coque extérieure est rigide, ce qui favorise un meilleur transfert d'énergie motrice entre le corps et les skis.

**Semelle rigide**
La semelle rigide est conçue pour s'insérer dans la butée de la fixation.

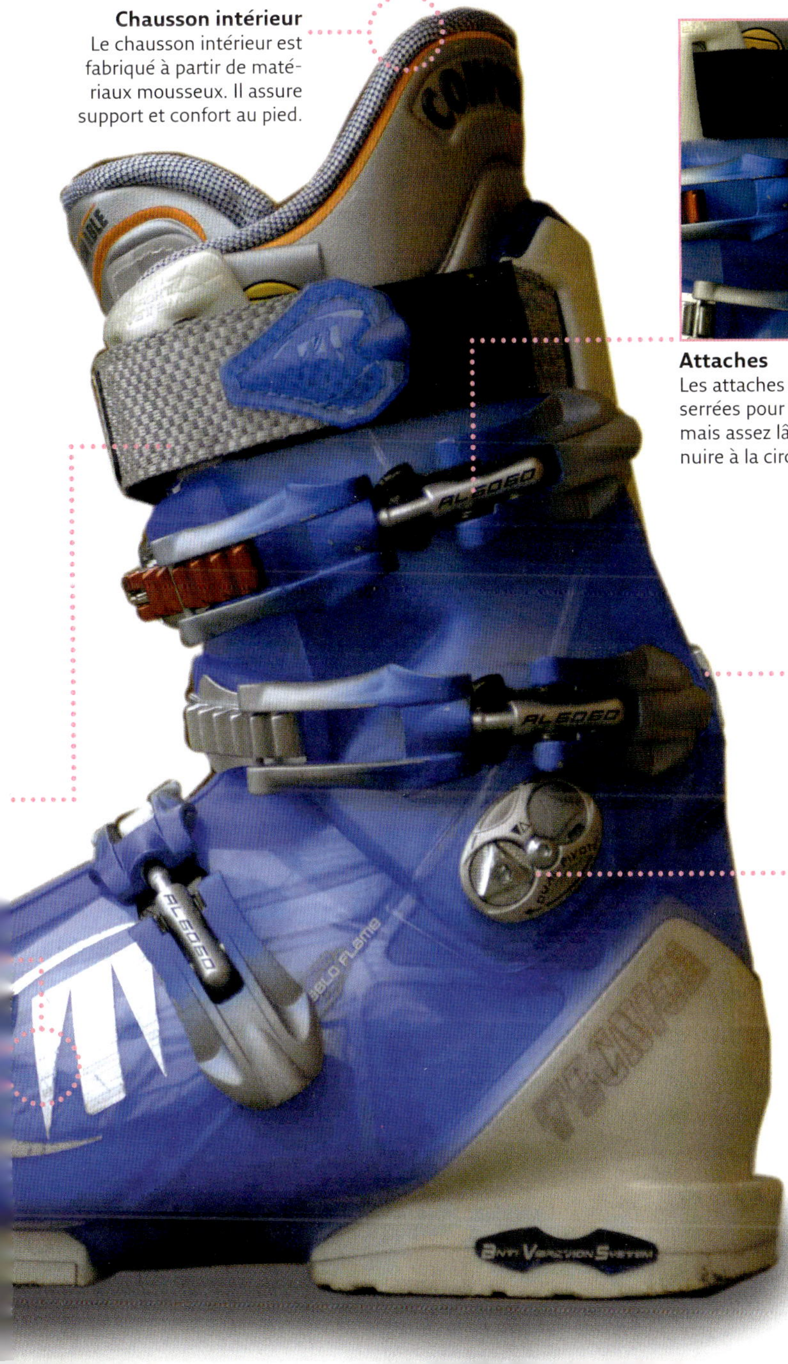

**Chausson intérieur**
Le chausson intérieur est fabriqué à partir de matériaux mousseux. Il assure support et confort au pied.

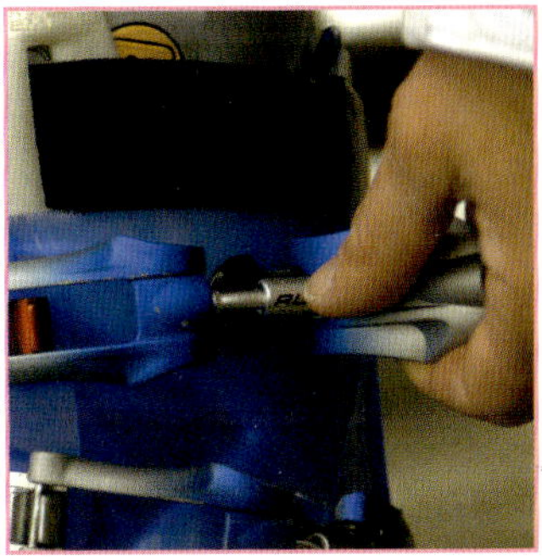

**Attaches**
Les attaches devraient être assez serrées pour fixer la chaussure, mais assez lâches pour ne pas nuire à la circulation.

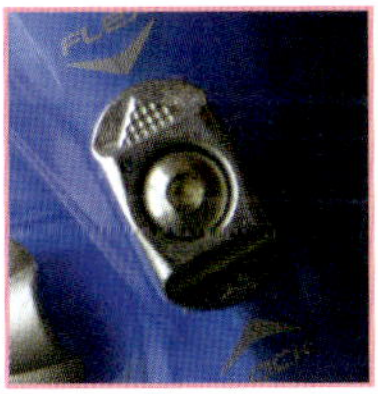

**Réglage de la flexion**
Toutes les chaussures fléchissent à la cheville, mais il est parfois possible de régler le degré de fléchissement.

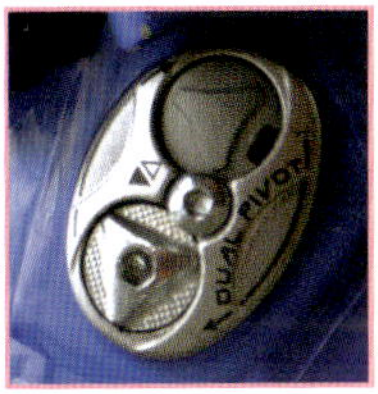

**Réglage de l'inclinaison latérale**
Ce bouton permet de régler l'angle de la coque supérieure en fonction de la forme de vos jambes. Pratique si vous êtes panard ou cagneux.

# Le fonctionnement des fixations

Les fixations maintiennent vos chaussures à vos skis, mais elles transfèrent aussi la pression des pieds aux skis. Vous pouvez ainsi mieux manoeuvrer. Chaque fixation est dotée d'une butée et d'une talonnière. Les fixations sont munies de ressorts qui libèrent les chaussures lorsqu'elles sont soumises à certaines tensions. En cas de chute, vous n'êtes plus attaché à votre ski, ce qui diminue le risque de blessure, surtout au niveau des genoux et des chevilles. Le degré de résistance au déclenchement est ajusté en fonction de votre poids, de votre taille et de vos capacités. Il est préférable de laisser un professionnel s'occuper du réglage.

**Butée**
Lorsque la tension latérale est trop forte, des ressorts dans la butée éjectent le ski.

**Pédale de chaussage**
Lorsque votre chaussure s'appuie sur le levier, les freins se redressent.

**Plaque antifriction**
La surface lisse de la plaque empêche la chaussure d'adhérer à la fixation lorsqu'elle s'en détache.

**Freins**
En cas de chute, les freins empêchent le ski de déraper. Ils sont munis d'un ressort. Lorsque la chaussure se détache des fixations, les freins creusent dans la neige.

**Chaussure dans la butée**
L'embout de la chaussure se glisse dans la butée. Le devant de la chaussure s'emboîte parfaitement.

**Pédale de déchaussage**
Si le skieur chute vers l'avant, les ressorts de la pédale éjectent la chaussure vers le haut.

**Levier**
Lorsque la chaussure est en place, le levier se soulève. Pour éjecter la chaussure, il faut pousser sur le levier.

**Chaussure dans la talonnière**
Le talon de la chaussure s'insère dans la talonnière. La tension d'un ressort interne maintient fermement la chaussure en place.

**L'ajustement des fixations**
Les fixations de ski sont ajustées en fonction de votre taille, de votre poids et de vos capacités. La constance des réglages est assurée par l'utilisation de l'échelle D.I.N. Les ajustements se font à l'aide d'un tournevis. Demandez à un technicien qualifié de vérifier vos ajustements D.I.N.

# L'évolution technologique du ski

Bien plus que de simples « planches de bois », les skis sont conçus pour vous offrir un rendement optimal. De nos jours, les skis incorporent plusieurs matériaux tels le bois, le titane et même les fibres de carbone. Plusieurs modèles sont dotés d'un système de flexibilité qui leur donne plus de souplesse, toujours dans le but de rendre vos descentes des plus agréables.

**Découpe du ski**
La forme du ski détermine le rayon de courbure des virages. Chaque ski possède un profil latéral avec une découpe plus étroite au centre et plus large au niveau de la spatule et du talon. Plus la découpe est accentuée, plus le rayon de courbure des virages sera petit.

**Rigidité de torsion**
C'est la résistance produite lorsque la spatule et le talon fléchissent dans des directions opposées. Les carres d'un ski dont la force de torsion est accrue mordent mieux dans la neige.

**Carres**
Tous les skis sont bordés de baguettes d'acier qui mordent dans la neige durant l'exécution d'un virage. Il est conseillé de les maintenir affûtées convenablement.

**Semelle**
La semelle est fabriquée en polyéthylène pour la rendre plus glissante.

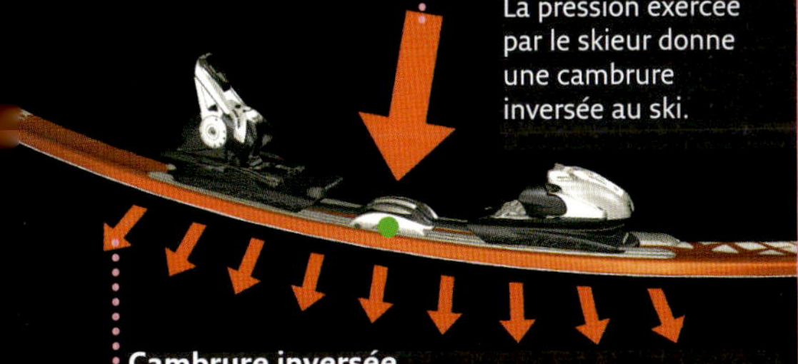

**Pression appliquée**
La pression exercée par le skieur donne une cambrure inversée au ski.

**Cambrure inversée**
Pour effectuer un virage coupé, la semelle du ski en position de cambrure inversée exerce une pression sur la neige.

## Souplesse et cambrure

La souplesse d'un ski varie selon le modèle. Les skis pour débutants sont plus souples que ceux des skieurs de haut niveau. Les skis se caractérisent également par une cambrure, c'est-à-dire que la semelle est courbée au centre. Lorsqu'un skieur exerce une pression sur le ski au cours d'un virage, le ski peut se retrouver en position de cambrure inversée.

# Le choix des skis et des bâtons

Une décision importante consiste à choisir les skis qui vous conviennent le mieux. Les facteurs à considérer sont la flexibilité – plus un ski est souple, plus il est facile à manœuvrer –, la forme – plus la découpe est accentuée (voir page 28), plus il pourra exécuter des virages serrés – et la longueur – le ski doit être adapté à votre taille, à votre poids, à vos capacités, ainsi qu'au type de piste sur lequel vous envisagez de skier.

## Le choix des bâtons

Les bâtons de ski sont souvent fabriqués d'une tige en alliage d'aluminium. La base se termine par un embout pointu muni d'une rondelle pour empêcher le bâton de s'enfoncer dans la neige. À l'autre extrémité, une poignée et une dragonne assurent une bonne prise. Les bâtons sont essentiels pour améliorer votre équilibre et maintenir un bonne coordination. Avant de choisir un modèle selon votre taille, n'oubliez pas que vous êtes plus grand lorsque vous êtes sur vos skis avec la pointe de vos bâtons enfoncée dans la neige. Tenez votre bâton à l'envers, juste en dessous de la rondelle. Lorsque vous l'agrippez, votre avant-bras devrait être horizontal.

## Différents types de skis

Le choix de vos skis varie en fonction du type de ski que vous pratiquez, car l'utilisation diffère d'un modèle à un autre. Si vous aimez la conduite coupée à haute vitesse, optez pour un ski plus rigide à la découpe en forme de sablier. Il mordra mieux dans les virages serrés. Pour la poudreuse en haute montagne, choisissez un ski dont la découpe est plus longue et plus large.

**Ski de slalom**
Ski de petite taille avec découpe prononcée. Idéal pour les virages serrés.

**Ski de slalom géant**
Plus long que le ski de slalom. Peu découpé pour virages à grand rayon plus rapides.

**Ski acrobatique réversible**
Sa souplesse facilite les sauts et les figures. Permet de skier à reculons.

**Ski de haute montagne /tout terrain**
Le plus long et le moins découpé. Idéal pour la poudreuse et les surfaces variables.

Völkl
RACE TIGER
GS RACING
POWERED BY TITANIUM
GOTAMA

# L'entretien et le transport de vos skis

Si vous savez bien entretenir et transporter vos skis, ils auront meilleure apparence et une plus longue durabilité. Il existe plusieurs façons de vous assurer qu'ils restent en bonne condition.

La surface et la semelle de vos skis peuvent être facilement égratignées et bosselées. Prenez garde de ne pas entrecroiser les talons ou les spatules de vos skis. Évitez les autres skieurs lors de vos virages ou de vos remontées en escalier.

La semelle et les carres de vos skis devraient être entretenues par des professionnels. Après une journée de ski, n'oubliez pas d'essuyer la semelle avec un chiffon doux. Si l'eau s'assèche à répétition sur vos skis, la semelle sera moins glissante et vous ralentira. Des carres d'acier mouillées peuvent rouiller et perdre leur capacité à mordre dans la neige.

Une courroie en Velcro pour maintenir vos skis lors du transport protège les carres. Vos skis et vos bâtons dureront plus longtemps si vous les transportez convenablement. Vous éviterez aussi d'accrocher les autres.

1

**Transporter les skis**
Avant de prendre vos skis, tournez-les sur le côté en plaçant une semelle contre l'autre. Assurez-vous de bien agripper les deux côtés, puis prenez-les à deux mains.

### Autres façons de transporter les skis

Vous pouvez transporter les skis sous vos bras ou par-dessus votre épaule. Pour ce faire, posez la partie située devant les fixations sur votre épaule. Tenez le talon des skis vers le haut de manière à ne pas gêner les autres.

**2** Une fois les skis redressés, poussez le plus élevé des deux vers le bas de manière que les freins s'emboîtent. Ils resteront fixes.

**3** Prenez les skis par le dessous de la talonnière, puis soulevez-les en les ramenant contre votre poitrine. Maintenez les skis appuyés contre vous.

**4** Empoignez vos bâtons de l'autre main. Ne marchez pas trop rapidement. Les chaussures de ski sont parfois très glissantes.

# Les règles de conduite

Quand vous skiez en montagne, veillez à bien observer les règles et les indications sur les panneaux. Il en va de votre sécurité et de celle des autres. Vous constaterez que les stations de ski sont balisées de panneaux conçus pour vous diriger, vous prévenir des dangers ou vous renseigner sur le niveau de difficulté des pistes. Veillez aussi à respecter les 10 règles énoncées à la page 35.

Toutes les stations de ski bien établies disposent d'une carte de la montagne à grande échelle. Cette carte indique le réseau des pistes jalonnées selon leur niveau de difficulté (vert, bleu, rouge et noir - voir page 155), ainsi que le type et l'emplacement des remontées disponibles. Lorsque vous skiez, munissez-vous toujours d'une carte des pistes. Procurez-vous-la au moment d'acheter votre billet de remontée. La carte des pistes fournit également une interprétation de la signalisation.

**Règles de conduite**

La Fédération internationale de ski (FIS) a fixé 10 règles de conduite :

1. Tout skieur doit éviter de mettre les autres en danger.

2. Tout skieur doit adapter sa vitesse à ses capacités et aux conditions générales.

3. Le skieur en aval a le droit de passage.

4. Il est permis de doubler seulement si l'espace le permet.

5. Tout skieur qui entre en piste doit le faire sans danger.

6. Le skieur doit éviter de s'arrêter.

7. Tout skieur à pied doit rester sur les bords.

8. Tous les skieurs doivent respecter la signalisation.

9. En cas d'accident, chacun est tenu de porter secours.

10. Après un accident, les skieurs doivent échanger leurs coordonnées.

# La sécurité en montagne

La pratique du ski en montagne procure du plaisir et des sensations fortes dans un décor majestueux, mais comme bien d'autres sports d'action, le ski comporte certains risques. Pour vous y adonner en toute sécurité, vous devez être au courant de la météo, des conditions de la neige, mais surtout connaître vos propres capacités.

**Les conditions en altitude**

Le ski se pratique habituellement en haute altitude, ce qui peut signifier de forts vents, une baisse de température et une luminosité accrue. Pour affronter les éléments, assurez-vous que vous êtes vêtu convenablement et que vous portez les lunettes de ski appropriées. Prenez soin d'appliquer du baume pour les lèvres et une crème solaire à indice de protection élevé. En haute altitude, soyez à l'écoute de votre corps. Vous pourriez ressentir une nausée ou avoir une migraine, perdre l'appétit ou être pris d'un malaise. Veillez à bien vous hydrater tout au long de la journée. Pour éviter une fringale, glissez quelques barres à haute teneur énergétique dans les poches de votre veste.

Au cours d'une même semaine, vous pourriez skier autant sur de la neige poudreuse, glacée ou granuleuse que mouillée, selon l'altitude, la température, le temps qu'il fait, la période de l'année et de la journée, ou encore l'orientation du versant par rapport au soleil. Pour vous assurer du faible risque d'avalanche et de la sécurité des conditions de ski en fonction de vos capacités, suivez les conseils d'un moniteur ou d'un secouriste. Une piste bleue (voir page 155) peut devenir aussi difficile à descendre qu'une piste noire si la neige mouillée fraîchement damée se transforme en glace.

**Un œil sur la météo**

Il est important de connaître les conditions météorologiques quand vous faites du ski. En haute altitude, le temps peut varier subitement de manière considérable. Si les conditions se détériorent soudainement, terminez votre descente puis cessez de skier. Il faut toujours respecter les alertes d'avalanche.

**En cas d'accident**

- Placez le skieur blessé dans un endroit sécuritaire afin d'éviter une collision avec d'autres. Servez-vous de vos skis pour ériger une croix dans la neige en guise de signal de détresse.
- Assurez-vous que la vie du skieur n'est pas en danger. Vérifiez ses signes vitaux. Observez s'il saigne.
- Si vous n'êtes pas un secouriste certifié, demandez de l'aide autour de vous avant de prodiguer des soins au blessé.
- Immobilisez le blessé en cas de blessure au cou ou au dos.
- Gardez le skieur blessé bien au chaud.
- Avisez la patrouille de ski. Au moment d'acheter votre billet de remontée, prenez le numéro en note. Sinon, dépêchez quelqu'un à la remontée la plus près, un membre du personnel appellera les secours.

# Pourquoi s'entraîner pour le ski ?

Le ski est une activité récréative qui se pratique habituellement durant les vacances. Mais il ne faut pas pour autant ignorer les qualités physiques requises. Si vous voulez vous mouvoir avec aisance, vous devez entraîner vos muscles. Il faut également tenir compte de la tension que pourraient subir vos articulations.

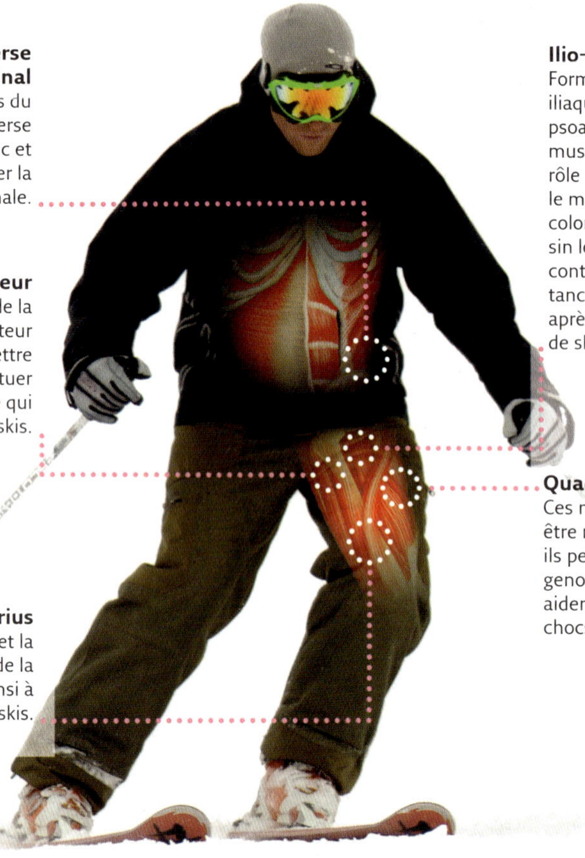

**Transverse abdominal**
Situé sur les côtés du torse, le transverse stabilise le tronc et aide à fortifier la région abdominale.

**Grand adducteur**
Situé à l'intérieur de la cuisse, le grand adducteur intervient pour permettre à vos jambes d'effectuer une rotation latérale qui aide à diriger les skis.

**Sartorius**
Le sartorius permet la rotation externe de la cuisse et aide ainsi à manœuvrer les skis.

**Ilio-psoas**
Formée du muscle iliaque et du grand psoas, cette masse musculaire joue un rôle important dans le maintien de la colonne et du bassin lorsque vous contrez une résistance. Étirez-la bien après une journée de ski.

**Quadriceps**
Ces muscles doivent être résistants, car ils permettent aux genoux de plier et aident à amortir les chocs.

**Les muscles sollicités pour skier**

Lorsque vous skiez, certaines articulations et certains groupes musculaires sont plus sollicités que d'autres. Ces parties de votre corps (énumérées ci-dessous) doivent être entraînées régulièrement. Les muscles de votre dos, de vos jambes et de votre tronc bénéficieront d'une souplesse accrue. À l'aide des exercices illustrés aux pages 40 à 43, préparez vos muscles pour la saison de ski. Vous optimiserez ainsi vos sorties tout en réduisant le risque de blessures.

**Moyen fessier**
Situé en dessous du grand fessier. Intervient dans la rotation des skis et l'extension des jambes lors des virages.

**Grand fessier**
C'est le muscle le plus volumineux de la fesse et le muscle extenseur de hanche le plus important. Il agit de concert avec l'ilio-psoas pour vous aider à maintenir une bonne posture.

**Ischio-jambier**
Les muscles ischio-jambiers aident vos genoux à plier et à amortir les chocs.

**Jumeau et soléaire**
Ces muscles jouent un rôle important lorsque vous fléchissez vos chaussures. Étirez-les pour les maintenir souples.

**Grand dorsal**
Les muscles abdominaux et du grand dorsal sont la force motrice du tronc, les muscles centraux en quelque sorte. Aussi, il est bon de les étirer après chaque sortie de ski.

# Exercices préparatoires

La pratique du ski suppose une préparation physique appropriée. Ajoutez les exercices suivants à votre programme de conditionnement. Ils sont conçus pour vos mollets, vos jambes et vos hanches. Commencez deux mois avant votre première sortie, en essayant de les effectuer tous les deux jours.

**Vos mollets**
Des mollets qui manquent de souplesse vous empêcheront de fléchir vos chaussures de ski. Placez un pied vers l'avant, le talon appuyé au sol. Avancez-vous lentement. Tenez 20 secondes à raisons de trois fois par jambe.

1 **Exercice pour les muscles des jambes**
Plusieurs skieurs n'arrivent pas à contrôler la direction avec leurs seules jambes. Levez une jambe. Placez un genou devant vous sans tourner les hanches.

2 Sans tourner les hanches, ramenez votre cuisse au maximum en travers de votre bassin.

1

**Exercice pour les articulations des hanches**
Cet exercice facilite le mouvement de rotation des cuisses. Placez vos mains sur le dessus de vos hanches pour les stabiliser.

2

Les hanches orientées vers l'avant, tournez les pieds le plus loin possible vers la gauche. Utilisez vos mains pour opposer une résistance à la rotation de vos hanches.

3

Bougez les pieds dans l'autre direction en effectuant un mouvement de rotation au niveau des cuisses. Répétez 20 fois.

3

Étirez la cuisse vers l'extérieur. Gardez le pied de la jambe suspendue près du genou de la jambe de soutien. Vous sentirez travailler les muscles qui vous aident à diriger.

4

Poussez le plus loin possible à l'extérieur, puis descendez votre pied. Répétez 25 fois, à raison de trois séquences pour chaque jambe.

# Échauffement et récupération

Avant de vous élancer sur les pentes, il est important de bien vous échauffer et tout aussi important de récupérer après chaque sortie. Un effort prolongé peut rendre vos muscles tendus et exercer une pression sur vos muscles dorsaux. Vous aurez ensuite peine à fléchir vos chevilles. Pour échauffer vos muscles, commencez par skier sans effort pendant 15 minutes. Puis pratiquez chacun des trois exercices qui suivent à deux reprises. Complétez votre sortie par une descente en mode décontracté. Dans les 20 minutes qui suivent, exécutez chacun des quatre derniers étirements à deux reprises. Ne vous échinez pas – le nombre et la durée des exercices varieront en fonction de votre condition physique.

### a Échauffement des quadriceps et des ischio-jambiers

En gardant l'équilibre à l'aide de vos bâtons, montez lentement votre pied vers l'avant puis vers l'arrière 20 fois. Ne balancez pas le pied, utilisez vos muscles. Gardez le haut du corps fixe. Ne tournez pas les hanches.

### b Échauffement des cuisses

En appui sur vos bâtons, levez un genou. Placez la chaussure sur le genou opposé. Déployez votre jambe vers l'extérieur jusqu'à ce qu'elle soit vis-à-vis de votre épaule opposée. Ramenez-la. Répétez 25 fois pour chaque jambe.

**c** **Étirement des muscles centraux**
Allongez-vous sur le dos, les genoux repliés. Tendez vos muscles abdominaux en poussant le bas de votre dos vers le sol. Déployez une jambe. Levez-la lentement puis ramenez-la au sol, à raison de 10 fois par jambe.

**d** **Étirement des ischio-jambiers**
En appui sur un genou replié, transférez graduellement votre poids sur le genou tendu de l'autre jambe. Ressentez bien le muscle s'étirer à l'arrière de la jambe tendue, puis maintenez cette position 20 secondes par jambe.

**e** **Étirement des muscles fessiers**
Allongez-vous sur le dos en relevant les genoux. Placez un pied au-dessus du genou opposé, puis ramenez-le lentement vers vous. Maintenez 20 secondes par jambe.

**f** **Étirement des muscles lombaires**
Allongez-vous sur le dos. Pliez un genou, puis ramenez la jambe par-dessus l'autre tout en étirant le haut de votre corps du côté opposé. Maintenez 20 secondes pour chacune des deux jambes.

**g** **Étirement des ilio-psoas**
Agenouillez-vous, puis ramenez une jambe vers l'avant en pliant graduellement le genou. Laissez vos hanches suivre le mouvement. Ressentez bien l'étirement dans la partie supérieure de la jambe posée au sol. Maintenez 20 secondes par jambe.

**Voir DVD**
**Chapitre 1**

# go Apprentissage de base

SCOTT

# Aperçu...

**Premiers pas : 48-63**

Si vous n'avez jamais pratiqué le ski, inscrivez-vous à une école de ski. Vous y apprendrez les notions de base dans un contexte sécuritaire. Après cet apprentissage, vous vous sentirez plus à l'aise sur vos skis et l'équipement vous sera bientôt familier. Au début, un moniteur qualifié vous aidera à développer une bonne posture et à trouver votre équilibre. Il vous enseignera les connaissances de base requises.

**Le chasse-neige : 64-71**

L'apprentissage du contrôle de la vitesse est certainement l'une des étapes les plus importantes dans les premiers jours. En plus de vous aider à ralentir, la technique du chasse-neige vous permettra d'effectuer vos premiers virages. Vous constaterez que son utilité s'étend bien au-delà des premiers stades de votre progression.

**Paré pour la montagne : 72-75**

Lorsque vous aurez maîtrisé la technique du chasse-neige et le changement de direction, vous pourrez affronter la montagne. À l'aide des remontées mécaniques de la station de ski, vous gravirez graduellement la montagne. Et le plaisir ne fait que commencer !

# L'école de ski

Si vous êtes un skieur débutant, l'école de ski est un passage obligé. En fait, vous ne devriez pas entreprendre la pratique du ski sans un tel apprentissage. Si vous prévoyez des vacances de ski, pensez à vous inscrire à des cours à la station où vous comptez vous rendre. Votre expérience d'une semaine ou deux au sein d'un groupe de skieurs débutants sera mémorable et enrichissante.

La plupart des skieurs cessent de suivre des cours dès qu'ils maîtrisent les virages en parallèle, mais ils en restent souvent au même niveau. Si vous voulez vous frotter aux bosses, aux pentes raides, aux virages coupés et au ski hors-piste, vous devrez continuer à suivre des cours. Vous aurez davantage de plaisir et vous risquerez moins de vous blesser.

**Notez bien :**

- Si votre moniteur parle une langue étrangère, assurez-vous qu'il puisse communiquer aussi dans votre langue et qu'il comprend bien le langage du ski.
- Votre groupe ne devrait pas compter plus de 10 skieurs.
- Évitez-vous un stress inutile : réservez votre place avant d'arriver à la station de ski.
- Si un détail technique vous échappe, demandez des explications à votre moniteur.
- Si votre moniteur vous accorde une attention spéciale, il est de bon aloi de lui offrir un pourboire.
- Si vous n'êtes pas pleinement satisfait, n'oubliez pas que vous êtes en droit de vous plaindre.

**Les enfants**

Les leçons de ski pour enfants diffèrent quelque peu de celles des adultes. Pour qu'on les distingue mieux sur la montagne, les enfants portent souvent des dossards aux couleurs voyantes. L'apprentissage se déroule à l'enseigne du jeu et des compétitions amicales. Plusieurs centres de ski ont des terrains de jeu spécialement conçus pour les jeunes skieurs, où une multitude d'attractions peut divertir les enfants durant des heures.

# Chausser et déchausser les skis

1 **Chausser vos skis**
Enlevez la neige sous vos chaussures en frottant la semelle contre la talonnière de vos fixations. Gardez votre équilibre à l'aide de vos bâtons.

2 Enfilez la pointe de votre chaussure dans la butée en veillant à insérer la partie avant de la semelle sous la pointe de la fixation. La chaussure doit s'aligner avec le ski.

1 **Déchausser vos skis**
Pour enlever un ski, repérez d'abord la pédale de déchaussage, puis placez la pointe de votre bâton sur le dessus de la partie creuse.

2 En portant votre poids sur le bâton, poussez sur la pédale de déchaussage. Lorsque la fixation libère votre chaussure, levez le talon.

Chausser et déchausser vos skis pour la première fois peut être embêtant, mais il y a quelques trucs pour vous faciliter la tâche. Votre chaussure de ski s'insère dans des fixations vissées à vos skis. Les fixations sont munies de ressorts à tension qui maintiennent votre chaussure en place mais qui se déploient si vous tombez. Votre pied se libère ainsi du ski, ce qui réduit le risque de blessure.

**3** Regardez vers la partie arrière de votre chaussure. Alignez votre talon dans la coupelle de la talonnière. Votre pied doit reposer droit sur le ski.

**4** Lorsque votre talon et vos orteils sont alignés avec le ski, poussez le talon vers le bas jusqu'à ce qu'il s'emboîte solidement dans la fixation.

### Exercez-vous à glisser

Pour mieux ressentir la sensation de glisse, déplacez-vous chaussé d'un seul ski. Vous développerez ainsi votre équilibre en vue de vos premières descentes. Exercez-vous sur le plat ou sur une pente légère. Supportez-vous à l'aide de vos bâtons. Transférez votre poids sur le pied chaussé du ski. Levez votre autre jambe puis glissez sur le ski en portant attention à votre équilibre. Marchez et glissez ainsi jusqu'à ce que vous bougiez avec aisance. Puis déchaussez votre ski pour le chausser sur l'autre pied. Répétez l'exercice avec l'autre jambe.

# La posture dynamique

Pour skier, il est extrêmement important d'adopter une posture dynamique. La surface des pentes varie constamment. Le versant sur lequel vous skiez est rarement parfaitement lisse, comportant bon nombre d'aspérités auxquelles vous devrez vous adapter.

**Le corps dans la posture dynamique**
Lorsque vous skiez en posture dynamique, chaque partie de votre corps joue un rôle important :

- **Tête** – vous aurez un meilleur équilibre si vous la maintenez bien droite, de niveau avec la pente.
- **Épaules** – normalement en position arrondie, mais vous pouvez les abaisser pour les virages coupés et les relever pour les bosses et le ski hors-piste.
- **Bas du dos** – légèrement incliné, il amortit mieux les chocs et maintient les hanches en bonne position.
- **Mains** – servent à faire de menus ajustements et vous aident à maintenir votre équilibre.
- **Hanches** – se trouvent au centre de votre masse corporelle, donc supportent une bonne partie de votre poids.
- **Genoux** – leurs articulations fléchissent pour maintenir l'équilibre mais peuvent vous faire tomber si elles fléchissent trop.
- **Chevilles** – en les fléchissant, vos genoux plieront naturellement.

## La posture dynamique à l'œuvre

En cours de descente, la posture du skieur et la souplesse de ses articulations l'aident à maintenir son équilibre. La posture dynamique permet aussi à ses jambes de contrôler la direction même lorsque les skis s'opposent à la résistance engendrée par la vitesse. Sans posture dynamique, il chuterait.

**Bas du dos**
Faites-le ressortir comme si vous étiez légèrement accroupi.

**Genoux**
Pliez-les légèrement pour vous aider à maintenir l'équilibre.

**Chevilles**
Fléchissez les chevilles pour vous aider à plier les genoux.

**Épaules**
Placez-les en position arrondie sans les affaisser.

**Hanches**
Sollicitez vos muscles centraux pour garder les hanches au-dessus de vos avant-pieds.

**Voir DVD**
**Chapitre 1**

# Test de flexion des chevilles

Pour skier convenablement, il est essentiel de pouvoir fléchir les chevilles. Les articulations des jambes (chevilles, genoux et hanches) doivent toutes fléchir également de manière à maintenir les hanches au-dessus des avant-pieds. Les jambes peuvent ainsi agir comme levier et mieux contrôler la direction.

1 **Tester la flexion des chevilles**
Une fois vos skis chaussés, assurez-vous que vos fixations soient bien fermées et que vos pieds sont bien à l'aise à l'intérieur des chaussures. Étirez vos chevilles jusqu'à ce que vos jambes soient le plus droites possible.

2 Fléchissez lentement les chevilles jusqu'à ce que vous ayez l'impression que vos tibias s'appuient contre la languette de vos chaussures. Efforcez-vous d'effectuer ce mouvement progressivement.

La plupart des skieurs débutants n'arrivent pas à fléchir les chevilles convenablement. Ou encore ils plient trop les genoux. Si vos chevilles ne sont pas suffisamment fléchies ou que vos genoux le sont trop, vous ne serez pas en équilibre sur vos skis. Vous pourrez difficilement contrôler votre direction à l'aide de vos jambes.

3 Lorsque vous êtes en position de flexion, assurez-vous que vos hanches soient placées au-dessus de vos avant-pieds. Vos genoux devraient se situer vis-à-vis du devant de la butée et vos chaussures devraient fléchir au maximum.

Voir DVD
Chapitre 1

**À éviter**
Si vous ne fléchissez pas suffisamment les chevilles, vos genoux seront trop pliés et vous vous retrouverez en position assise au-dessus de vos skis. Vous aurez de la difficulté à manœuvrer.

# Le patinage

Une excellente façon de saisir l'importance et le rôle de support des carres consiste à vous déplacer sur vos skis sur le plat en patinant. C'est également un bon exercice d'échauffement et une manière efficace d'avancer sans dépenser trop d'énergie. Le mouvement de patinage en skis est semblable à celui qu'on effectue en patins à glace ou à roues alignées. Si vous avez déjà pratiqué l'un de ces deux sports, vous aurez plus de facilité à reproduire le mouvement en skis.

1

**Patiner sur le plat**

Commencez par pointer vos skis dans la direction voulue. Agrippez vos bâtons fermement, puis plantez-les dans la neige en avant de vous pour vous donner une bonne impulsion.

2

À l'aide de votre ski droit comme point d'appui, propulsez-vous avec l'autre ski en poussant vers l'extérieur et vers l'arrière.

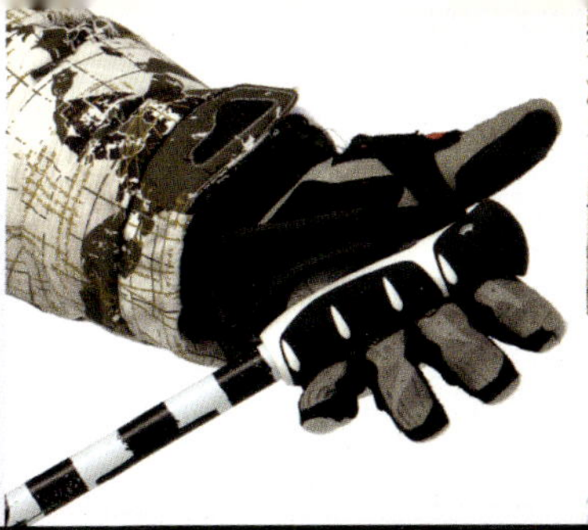

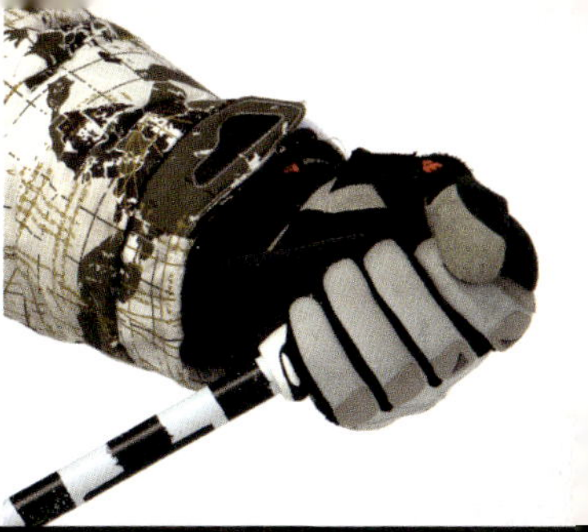

1 **Empoigner les bâtons**
Pour bien empoigner vos bâtons, enfilez votre main dans la dragonne de manière à ce qu'elle entoure lâchement votre poignet.

2 Agrippez la poignée de votre bâton avec la paume de votre main. Assurez-vous de bien placer la poignée dans la bonne direction.

3 Agrippez votre bâton à l'aide des autres doigts que le pouce. Vous pouvez replier celui-ci sur l'index. En cas de chute, vous éviterez ainsi de perdre un bâton.

3 Vous glissez maintenant vers l'avant sur votre ski droit. Ramenez votre ski gauche parallèlement à votre ski droit.

4 Allez-y de nouveau en poussant cette fois votre ski droit. Plantez vos bâtons pour vous soutenir et vous propulser.

**Voir DVD**
**Chapitre 1**

# Votre première descente

Pour votre première descente, vous aurez recours à trois techniques : la remontée en escalier, le pivot avec bâtons et la descente directe. Pour un skieur débutant, c'est la manière de procéder la plus sécuritaire, qui augmente également la confiance. Choisissez une pente à faible inclinaison qui débouche sur une portion assez plane où vous pourrez vous immobiliser naturellement. Gravissez la pente en escalier, puis faites pivoter graduellement vos skis pour faire face à la pente. Vous voilà maintenant prêt à effectuer votre première descente.

1 **La remontée en escalier**
Disposez vos skis en travers de la pente (perpendiculaires à la ligne de chute, soit la trajectoire que suivrait une balle si elle roulait jusqu'en bas de la piste).

2 Déplacez latéralement votre ski en amont d'environ un demi-mètre (1 pied et demi). Le ski en aval servant de support et d'appui.

3 Rapprochez votre ski en aval de celui en amont. Veillez toujours à appuyer votre ski en amont sur sa carre en amont. Poursuivez ainsi jusqu'au sommet.

1 **Votre première descente**
Rendu au sommet, vous devez tourner vos skis en direction de la ligne de chute. Plantez vos bâtons légèrement en aval de votre position.

2 Transférez votre poids aux bâtons en vous appuyant sur la paume de vos mains. Placez vos skis en pointe pour maintenir votre équilibre et vous empêcher de glisser.

3 Une fois face à la ligne de chute, placez vos skis en parallèle. Vous êtes maintenant en position d'effectuer votre première descente directe. Avant de vous élancer, assurez-vous que la voie est libre.

4 Relâchez la prise sur vos bâtons et laissez-vous glisser. Adoptez une posture dynamique et relevez la tête pour regarder en direction de votre trajectoire.

Voir DVD
Chapitre 1

# Se relever

Il est inévitable qu'un jour ou l'autre vous chutiez. Mais si vous ne savez pas comment vous relever convenablement, vous gaspillerez inutilement beaucoup de votre énergie. Vous ajouterez aussi une pression indue sur vos articulations. Avec l'expérience, vous pourrez vous relever plus facilement. La prochaine fois que vous chuterez, ménagez vos efforts en appliquant la technique suivante.

1

**Se remettre debout**
Restez allongé sur le côté, puis ramenez vos jambes vers vos hanches. Votre centre de gravité se retrouvera ainsi plus près de vos pieds. Dans cette position, il sera plus facile de vous relever. Redressez les épaules, puis servez-vous de vos abdominaux pour prendre une position assise.

2

Repérez votre position sur la piste. Pour parvenir à vous relever, vos skis doivent être perpendiculaires à la ligne de chute. Déplacez-les si nécessaire. Ramenez vos bâtons à vos côtés et agrippez-en les poignées fermement, puis enfoncez leurs pointes dans la neige.

3

Pour vous redresser, poussez sur vos bâtons. Au même moment, essayez d'incliner les épaules et la tête vers l'avant. Lorsque vos hanches auront quitté le sol, redressez-vous complètement à l'aide de vos bâtons.

# Exercices d'équilibre et de déplacement

Il est préférable d'apprendre à fléchir et à tendre les jambes le plus tôt possible. Dès que vous êtes à l'aise pour effectuer des descentes, vous pouvez déjà tirer avantage de quelques exercices et développer davantage votre équilibre. En travaillant votre équilibre en début d'apprentissage, vous pourrez mieux développer votre technique de base plus tard. Effectuez les exercices pratiques suivants.

a **Flexion des chaussures**
Au début de votre descente directe, fléchissez légèrement les chevilles en pressant les tibias sur les languettes de vos chaussures. Répétez tout au long du parcours. Alignez vos hanches sur vos avant-pieds.

b **Lever les pieds en alternance**
Lors de vos premiers virages, vous ressentirez une résistance sur chacun de vos pieds. Pour vous habituer à cette sensation, glissez sur la neige en levant un pied en alternance avec l'autre.

### c Toucher les chaussures

Pour vous habituer à bouger plus librement avec vos skis, exercez-vous à vous relever et à vous accroupir. Pendant que vous skiez, pliez vos jambes et touchez vos chaussures. Puis redressez-vous le plus possible. Répétez tout au long de votre parcours.

### d Sauter avec les skis

Mettez votre équilibre à l'épreuve en sautant avec vos skis. Fléchissez légèrement vos chaussures, puis redressez-vous assez rapidement pour que vos skis quittent le sol. À l'atterrissage, laissez fléchir toutes vos articulations, surtout celles des chevilles.

Voir DVD
Chapitre 1

# La technique du chasse-neige

En position de chasse-neige, les skis sont placés en pointe de manière à vous ralentir. Cette technique sert également à tourner. En poussant vos talons vers l'extérieur pour former un angle, vos skis se retrouvent automatiquement sur leur carre intérieure. Ce sont à la fois les carres et l'angle de vos skis qui vous ralentissent.

Exécutez d'abord la position du chasse-neige sur le plat. Faites travailler vos muscles en plaçant vos skis en pointe, soit en balayant la neige soit en sautant. Vous aurez ainsi plus de facilité à maîtriser le chasse-neige.

**a En balayant la neige**
La meilleure façon pour un skieur débutant d'adopter la position du chasse-neige consiste à repousser les talons vers l'extérieur. Placez vos skis en parallèle, puis plantez vos bâtons. Faites glisser latéralement vos talons vers l'extérieur de manière à ouvrir un angle avec vos skis, mais pas trop grand à vos premiers essais. Disposez ainsi vos skis en pointe.

**b En sautant**
Lorsque la technique du chasse-neige vous sera familière, adoptez cette position d'une manière plus dynamique. Agrippez vos bâtons pour vous supporter, puis sautez en essayant de ramener les spatules de vos skis vers l'intérieur et les talons vers l'extérieur.

**Analyse du chasse-neige**

La symétrie est indispensable à la réussite du chasse-neige. Si votre corps n'est pas en équilibre, vous dévierez de votre trajectoire. Assurez-vous que votre regard et vos épaules sont de niveau avec la piste. Placez vos mains à la même hauteur. Enfin, veillez à ce que l'angle de vos deux skis soit semblable.

**Tête**
Levez la tête et regardez en direction de votre trajectoire.

**Genoux**
Gardez les genoux légèrement fléchis. Si vous les pliez trop, vous risquez de perdre votre équilibre.

**Carres**
Skiez sur les carres intérieures de vos skis.

**Flexion des chevilles**
Vos chevilles devraient être fléchies pour faciliter la flexion des autres articulations.

**Spatules**
Vos spatules devraient être espacées d'environ 15 cm (6 po).

**Voir DVD**
**Chapitre 1**

# Contrôle de la vitesse en chasse-neige

En modifiant l'angle d'ouverture de votre chasse-neige, vous pouvez augmenter ou réduire la vitesse de votre descente. Plus les talons de vos skis seront rapprochés, plus vous irez vite ; plus ils seront éloignés, plus vous ralentirez. En éloignant vos skis l'un de l'autre, l'angle de vos carres s'ouvre davantage, ce qui augmente du même coup le degré de résistance de vos skis contre la neige. Vous pouvez utiliser cette technique pour vous arrêter. En plus d'accroître votre confiance, le chasse-neige vous aide à développer un meilleur contrôle.

1 **Freiner en chasse-neige**
Adoptez la posture dynamique, puis placez vos skis en position habituelle de chasse-neige. Laissez un espace d'environ 15 cm (6 po) entre les spatules.

2 Écartez les talons de vos skis en les glissant progressivement vers l'extérieur, tout en vous assurant de maintenir le même écart entre vos spatules.

**Voir DVD**
**Chapitre 1**

**3** En glissant vos skis vers l'extérieur, affaissez quelque peu les hanches pour incliner vos skis. Les carres mordront mieux dans la neige et vous aideront à ralentir.

## S'exercer au contrôle de la vitesse

Exercez-vous à contrôler votre vitesse en pratiquant la technique du chasse-neige. Commencez par une descente directe en haut d'une pente à faible inclinaison. Glissez l'arrière de vos skis vers l'extérieur pour former une pointe et vous ralentir. Avant de vous immobiliser, ramenez vos skis en parallèle afin de ressentir votre vitesse augmenter de nouveau. Répétez plusieurs fois au cours de votre descente.

# Virages en chasse-neige

Lorsque vous serez capable de freiner en chasse-neige en position symétrique, vous serez prêt à effectuer des virages en chasse-neige. Choisissez une pente à faible inclinaison. Pour une des première fois, vous ressentirez une différence de résistance entre vos deux skis. Quand vous tournez en travers de la piste, la force de gravité vous entraîne naturellement vers la ligne de chute. Ainsi, si vous tournez à gauche, vous ressentirez une résistance accrue sur votre ski droit (extérieur).

**La zone idéale**
Vérifiez que vos chevilles sont suffisamment fléchies pour que votre centre de gravité se retrouve au-dessus de vos avant-pieds. Vos skis doivent pivoter autour d'un axe appelé « zone idéale ». Ne reportez pas indûment la masse de votre corps vers l'arrière de vos skis, car ceux-ci risqueraient de creuser dans la neige, ce qui vous empêcherait de tourner.

**Flexion des chevilles**
L'angle de flexion approprié des chevilles maintient vos hanches, votre masse corporelle pour ainsi dire, alignées sur vos avant-pieds. C'est ce qui vous permet de tourner.

**1 Pour vous exercer à tourner en chasse-neige**
Placez-vous en direction de la ligne de chute. Veillez à répartir votre poids sur vos deux jambes. L'angle de vos skis doit être le même et vos spatules doivent être espacées d'environ 15 cm (6 po).

**2** Amorcez votre virage en tournant votre ski gauche vers la droite. Faites pivoter le ski autour de l'axe formé par votre avant-pied. Maintenez l'angle de vos skis.

**3** Vous ressentirez une résistance s'opposer à votre ski gauche (extérieur) et une autre diminuer sur celui de droite (intérieur).

**4** À la fin du virage, votre vitesse diminuera. Si vous n'êtes pas immobilisé, appliquez la technique de freinage en maintenant l'angle de vos skis.

**Voir DVD**
**Chapitre 1**

# Se diriger avec les cuisses

Avant de poursuivre avec la technique du chasse-neige, vous devez d'abord apprendre à vous servir des muscles de vos jambes pour diriger vos skis. Cette méthode est de loin la plus efficace et la plus sécuritaire.

La plupart des débutants dirigent leurs skis avec leurs pieds. Cette méthode est moins efficace car elle exerce une pression sur les genoux. En utilisant plutôt vos cuisses, la rotation de vos skis s'effectue en douceur et le haut de votre corps reste orienté vers la ligne de chute. Vous avez ainsi un meilleur équilibre.

**Servez-vous de vos muscles**

Les muscles qui servent à faire tourner les jambes sont les muscles couturier et piriformis pour la jambe située à l'intérieur, et le petit fessier, le moyen fessier et les adducteurs pour la jambe à l'extérieur (voir pages 38-39).

1 **Pour exercer les muscles de vos cuisses**
Soutenez-vous à l'aide de vos bâtons. Puis levez une jambe et tournez le genou en travers jusqu'à ce qu'il se trouve au-dessus de l'autre genou.

2 Éloignez le genou en effectuant un mouvement de rotation vers le côté. Tout au long du mouvement, maintenez votre pied à la hauteur du genou opposé. Répétez 20 fois par jambe.

**Éviter la rotation du haut du corps**
La plupart des skieurs sont portés à se diriger avec le haut de leur corps, surtout la tête et les épaules. Mais si le haut de votre corps effectue une rotation, vous irez plus vite et vous risquerez de perdre l'équilibre. Servez-vous plutôt de vos cuisses pour vous diriger. Et avant de tourner, n'oubliez pas de garder les mains, la tête et les épaules de niveau avec la piste.

# Enchaîner les virages en chasse-neige

Lorsque vous maîtriserez les virages en chasse-neige de chaque côté, vous pourrez en enchaîner quelques-uns. Choisissez une pente à faible inclinaison comme pour vos exercices de virage simple (voir pages 68-69). Quand vous serez capable d'enchaîner les virages, vous aurez atteint une autre étape gratifiante de l'apprentissage du ski : vous pourrez désormais vous frotter à toutes les pistes vertes et bleues de la station de ski de votre choix.

**Comme si vous pédaliez**

En enchaînant vos virages en chasse-neige, vous aurez l'impression que vos jambes pédalent. En ski comme à vélo, le déploiement d'une jambe s'accompagne en effet du fléchissement de l'autre. Au début, rétablissez une pression identique dans chacune de vos jambes afin de vous réaligner dans la ligne de chute.

**2** Pour amorcer votre virage, exercez une plus forte pression sur le ski de droite en tendant votre jambe droite et réduisez la pression sur l'autre ski en fléchissant la jambe gauche. Utilisez vos cuisses pour donner toute l'amplitude voulue à votre virage.

**4** L'action répétée du mouvement de pédalage augmente le degré de résistance qui s'oppose au ski extérieur et réduit celui qui s'opère sur le ski intérieur. Les muscles de vos cuisses doivent diriger.

1 Au moment de tourner, la pression sur vos deux skis doit être égale. Laissez un espace de 15 cm (6 po) entre vos spatules. Alignez vos hanches sur vos avant-pieds.

3 Avant de changer de direction, assurez-vous de retourner vers le centre. Puis amorcez un autre virage en transférant la pression sur votre pied gauche.





## Configurations de virages

Vous pouvez varier l'amplitude de vos virages selon l'inclinaison de la pente, les conditions de la neige ou vos propres goûts. Plus le virage est grand, plus la manœuvre et le mouvement de pédalage sont amplifiés, et plus vous devez conduire avec vos cuisses. Les grands virages s'exécutent plus lentement que les virages serrés.

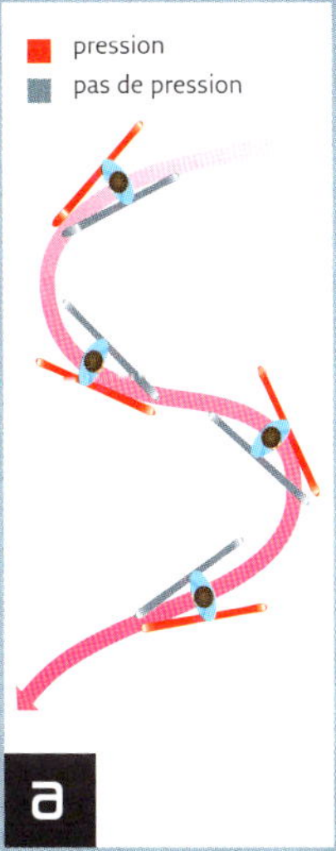


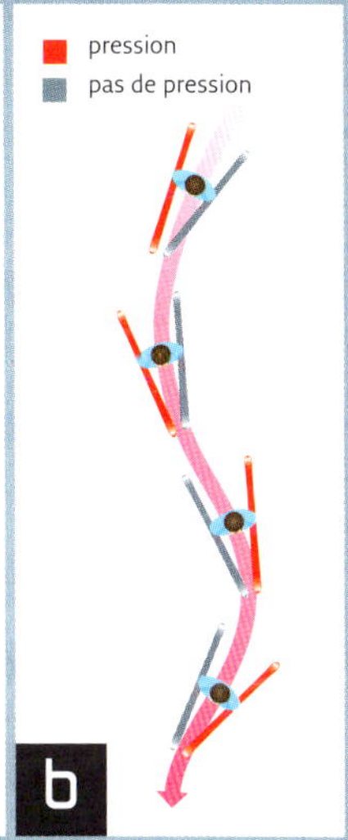


### a Virages à grand rayon

Les virages à grande amplitude conviennent aux pentes raides et aux surfaces rapides. Également utiles pour développer la confiance chez les skieurs débutants.

### b Virages à petit rayon

Les virages plus serrés sont habituellement plus indiqués sur la neige mouillée ou sur des pentes à faible inclinaison. Les amateurs de vitesse les aiment bien.

# Remonte-pentes et télésièges

Lors de votre apprentissage, vous utiliserez surtout des remonte-pentes (téléskis simples ou doubles) et des télésièges. Les pistes pour débutants sont habituellement pourvues de remonte-pentes, mais pour aller plus en amont, vous devrez probablement avoir recours aux télésièges.

Les remontées mécaniques n'ont rien de sorcier. Il suffit de retenir quelques principes de base. Si vous utilisez un téléski, sachez surtout qu'il ne faut jamais vous asseoir sur la suspente. Vous devez rester debout et laisser la suspente prendre appui sur vos fesses, un peu comme si vous remontiez la pente en skiant. Avant de prendre place à bord d'un télésiège, regardez d'abord derrière vous pour le voir venir. Une fois assis, agrippez bien vos bâtons.

**Télésièges**
Préparez-vous à prendre place en vous retournant d'abord pour surveiller l'approche du télésiège. Une fois assis, tendez le bras pour abaisser le garde-corps. Placez vos skis sur le repose-pieds. Arrivé au sommet, retirez vos skis du repose-pieds puis relevez le garde-corps. Lorsque les semelles de vos skis touchent à la surface enneigée, redressez-vous puis éloignez-vous en skiant.

1 **Se servir d'un téléski**
Tenez vos deux bâtons d'une seule main. Au signal, avancez-vous pour agripper la tige. Placez-la entre vos jambes.

2 Pour actionner la remontée, traversez la petite barrière avec vos skis. En attendant que la tige se tende, assurez-vous que vos skis sont parallèles et que vos articulations sont fléchies. Attendez-vous à une petite secousse au moment du départ.

**3** Assurez-vous d'être debout au moment où la tige se tend et commence à vous remonter. Regardez vers l'avant pour maintenir vos skis parallèles et à l'intérieur des sillons tracés par les skieurs précédents.

**4** Lorsque la surface commence à s'aplanir vers la fin de la remontée, ramenez la tige vers le bas puis lâchez prise. Éloignez-vous le plus rapidement possible du téléski pour éviter toute collision avec le skieur suivant.

# go Skier en parallèle

# Aperçu...

## Initiation au ski en parallèle : 80-91

Avant d'exécuter des virages avec vos skis parallèles, vous devez d'abord maîtriser les virages en chasse-neige. Des exercices de déplacement latéral et de dérapage latéral pourront alors vous habituer à l'usage des carres de vos skis et vous préparer à skier en parallèle. Vous franchirez ainsi une autre étape de votre apprentissage. Vous devez aussi vous appliquer à diriger vos skis à l'aide de vos deux jambes dans les virages.

## Placer les skis en parallèle : 92-95

En progressant du chasse-neige aux virages avec les skis parallèles, vous constaterez que vos déplacements acquièrent aisance et souplesse. Pour vos virages avec les skis parallèles, vous devez déporter votre poids à l'entrée du virage, puis diriger graduellement vos jambes tout au long de la manœuvre. À ce stade de votre apprentissage, ce sont vos cuisses qui dirigeront vos skis. Le haut du corps doit bouger indépendamment du reste.

## Le planté du bâton : 96-99

Utilisez vos bâtons pour accroître votre stabilité et accroître votre confiance. Vos bâtons peuvent vous procurer quatre points d'appui avec la surface. Cela vous sera surtout utile pour les virages coupés. Vous aurez un meilleur équilibre et une meilleure coordination pour garder vos skis parallèles.

# Comment et pourquoi skier en parallèle

L'étape qui suit l'enchaînement de vos virages en chasse-neige consiste à développer la technique du virage avec les skis parallèles. Ce type de virage est beaucoup plus efficace et dynamique. Vos skis travaillent désormais de pair et non l'un contre l'autre.

Autrement dit, vous avez maintenant deux carres qui mordent dans la neige au lieu d'une seule. Le chasse-neige est moins efficace pour les virages sur des surfaces glissantes, poudreuses ou recouvertes de neige lourde, car l'angle de vos skis ne permet qu'à une seule carre de s'agripper. Lorsque vous placez vos skis en parallèle sur une piste non damée ou sur une surface plus exigeante, vos deux skis tracent simultanément leur trajectoire dans la neige.

a **Skier en parallèle**
En inclinant vos jambes dans le même angle dans les virages, vos deux skis travaillent et avancent ensemble. Ils s'agrippent mieux et se fraient un chemin plus aisément en poudreuse, sur une pente abrupte ou en conduite dérapée.

b **Skier en chasse-neige**
Lorsque vous amorcez un virage en chasse-neige, vos jambes sont asymétriques et les carres ne sont pas parallèles. Une seule carre vous supporte. S'ils étaient laissés à eux-mêmes, vos skis se déplaceraient dans deux directions opposées.

## Analyse d'un virage avec les skis parallèles

Observez la position typique du skieur exécutant un virage avec les skis parallèles. Ses hanches sont de niveau et son poids est réparti au-dessus de ses avant-pieds. Le bas de son corps bouge indépendamment du haut. Les jambes s'inclinent tandis que le corps reste à la verticale.

**Haut du corps**
Épaules et hanches de niveau face à la ligne de chute.

**Cuisses**
Les muscles des cuisses dirigent les skis. L'articulation sphérique des hanches effectue la rotation.

**Flexion des chevilles**
Les articulations des chevilles fléchissent pour maintenir l'équilibre durant le virage.

**Skis parallèles**
Les deux skis sont inclinés dans le même angle.

# Déplacement latéral et dérapage latéral

L'apprentissage du déplacement latéral vous démontre comment vos carres vous supportent et s'agrippent à la piste. Le dérapage latéral est l'une des techniques les plus importantes à maîtriser. Vous pourrez désormais descendre des pentes abruptes en contrôlant votre vitesse et votre déplacement latéral.

Le déplacement latéral vous permet de traverser la piste en croisé sans déraper brusquement. Au fil de vos progrès, cette technique pourra servir à vous ralentir si vous prenez trop de vitesse lors d'un virage coupé ou avec les skis parallèles. Le déplacement latéral est aussi très utile pour franchir des bosses ou entreprendre une portion étroite de la piste.

1 **Le déplacement latéral** Placez-vous d'abord en travers de la piste, sans permettre à vos skis de glisser vers l'aval. Penchez-vous alors en amont pour incliner vos skis sur leurs carres.

2 En vous poussant à l'aide de vos bâtons, déplacez-vous latéralement sur les carres. Gardez les jambes inclinées pour maintenir vos skis sur leurs carres.

3 Avancez-vous de quelques mètres. Lorsque votre savoir-faire aura suffisamment progressé, augmentez la distance. Gardez toujours un œil sur les skieurs en amont.

### Comment ne pas déraper

La plupart des skieurs craignent de déraper sur la semelle de leurs skis en déplaçant les hanches au-dessus de leurs pieds. La crainte de glisser les intimide à un point tel qu'ils déplacent le haut de leur corps vers l'amont, mais cette position leur fait perdre l'équilibre et peut amener leurs skis à glisser vers l'arrière. Pour éviter que cela se produise, suivez les trois étapes ci-dessous. Efforcez-vous d'effectuer vos mouvements graduellement et avec le plus de fluidité possible.

1 **Comment déraper latéralement**
Veillez à incliner vos hanches légèrement en amont afin que les carres de vos skis mordent bien dans la neige.

2 Déplacez lentement votre hanche vers l'aval de manière à ce qu'elle se retrouve au-dessus de vos pieds. Laissez votre ski en aval retomber sur sa semelle. Les carres lâcheront leur emprise et le ski glissera.

3 Contrôlez le dérapage en revenant à la position initiale : inclinez les hanches vers l'amont.

# Se diriger avec la jambe interne

Votre jambe interne est toujours celle qui se trouve à l'intérieur du virage. Arriver à conduire le virage avec cette jambe constitue l'un des aspects les plus importants de la transition du virage en chasse-neige au virage avec les skis parallèles. Comme la jambe interne n'est pas souvent sollicitée, l'exercice qui suit vous apprendra à la mettre à contribution pour anticiper les virages et permettre à vos skis de se placer plus tôt en position parallèle.

1 **Exercice de conduite avec la cuisse**
Laissez vos bâtons sur le bord de la piste et commencez à skier. Amorcez un virage en chasse-neige en plaçant la main située à l'intérieur du virage sur la partie intérieure de la cuisse de la jambe interne.

2 Avec votre main, incitez votre cuisse à tourner progressivement vers l'extérieur. Vous provoquerez ainsi une rotation de l'articulation de votre cuisse au niveau de la hanche qui permettra l'amorce du virage.

3 La rotation de votre cuisse place naturellement vos skis en position parallèle. Et cette posture symétrique permet à vos skis de couper dans la neige.

Voir DVD
Chapitre 2

## La conduite du virage avec la cuisse

Pour entamer avec assurance vos virages avec les skis parallèles, servez-vous de vos cuisses afin de faire pivoter vos skis. Les muscles des cuisses sont parmi les plus puissants du corps. Ils sont essentiels pour diriger vos skis avec efficacité.

**Rotation de la cuisse**
Lorsque vous transférez le poids sur votre ski en aval, la cuisse commence à pivoter vers l'extérieur.

**Conduite du ski interne**
Le mouvement de la cuisse amorce le virage du ski et prépare la transition vers une position de skis parallèles.

**Skis en position symétrique**
Les deux skis sont parallèles. La position symétrique permet l'usage simultané de deux carres pour exécuter le virage.

# Le virage en « J »

Le virage en « J » est une excellente façon d'éprouver la sensation de skier avec les skis parallèles. Il ne s'amorce qu'après avoir atteint une certaine vitesse en descente directe. Il est plus complet que le virage en chasse-neige, se terminant avec les spatules des skis pointant légèrement en amont. Le virage en « J » est également un exercice qui vous familiarise avec la posture requise pour virer en parallèle. Vous pouvez ainsi avoir un avant-goût du virage en parallèle avant même de le pratiquer.

**Le virage en « J » comme transition naturelle au virage avec les ski parallèles**
En descente directe, plus vous accélérez, plus la force de propulsion de votre corps s'accroît. Lorsque vous commencez à tourner vos skis en travers de la piste, cette force entraîne votre corps en direction de la ligne de chute, ce qui a pour effet d'augmenter la résistance opposée au ski en aval. Le ski en amont devient alors plus léger. Alors que vous continuez d'avancer en travers de la piste vers le haut, le ski en amont s'allège de plus en plus. Vous pouvez alors le placer en parallèle avec l'autre.

**Conseils pour le virage en « J »**

- L'équilibre est crucial. Adoptez une posture décontractée. Fléchissez les chevilles et maintenez les hanches au-dessus de vos avant-pieds.
- Prenez de la vitesse, mais allez-y d'abord avec modération. Vous maîtriserez plus facilement votre virage.

**1 Comment exécuter un virage en « J »**
Pointez vos skis en direction de la ligne de chute. Pour accélérer légèrement, réduisez l'angle d'ouverture de vos skis.

**2** Dirigez votre ski extérieur en travers de la piste. Vous sentirez une résistance accrue lorsqu'il sera en aval.

**3** Dirigez toujours le ski en aval en travers de la piste. Le ski en amont pivotera naturellement pour rejoindre le ski en aval.

**4** Fléchissez vos articulations tout au long du mouvement. Laissez votre ski en amont se relâcher et s'alléger.

**5** Tournez votre ski en amont pour qu'il rejoigne le ski en aval. À la sortie du virage, les deux skis travaillent de pair.

**Voir DVD**
**Chapitre 2**

# Virer en rythme

Vous connaissez désormais diverses façons de guider vos skis. La prochaine étape avant de skier avec les skis parallèles consiste à rythmer vos virages. Pour y arriver, essayez d'exécuter vos virages à l'intérieur d'un corridor imaginaire d'une largeur de 3-4 mètres (10 à 13 pi). En vous limitant à cet espace, vos déplacements seront plus rythmés.

**Le pédalage**

En effectuant vos virages à l'intérieur d'un « corridor » de largeur constante, vos jambes exécutent instinctivement un mouvement de pédalage lorsque la pression se déplace d'un ski à l'autre. Au gré des virages, cette sensation naturelle prend de l'ampleur. Vous vous sentez alors plus à l'aise d'augmenter la pression sur le ski en aval (extérieur) et de diminuer celle que vous appliquez au ski en amont (intérieur). Ce mouvement est analogue au pédalage à vélo : la jambe extérieure s'étire pendant que la jambe intérieure fléchit. Plus tôt vous exécutez ce mouvement de pédalage dans le virage, plus tôt votre ski intérieur se place en parallèle avec le ski extérieur.

5 Effectuez un mouvement de pédalage pour hâter le passage de la pression d'un ski à l'autre. Votre ski intérieur s'allégera et se dirigera vers la ligne de chute.

**Passer au ski en parallèle**

1 Effectuez d'abord une série de virages en chasse-neige.

2 Vers la sortie du premier virage, laissez votre jambe intérieure fléchir et prendre la commande.

3 En accélérant la cadence, vous amènerez votre jambe intérieure à fléchir plus tôt. Vos skis se rapprocheront en parallèle.

4 À la sortie d'un virage, préparez immédiatement le suivant. Évitez de traverser latéralement la piste et de perdre votre rythme.

6 Le pédalage rythmé rapproche vos skis en parallèle.

7 Vos skis sont maintenant parallèles. En effectuant le mouvement pédalage plus tôt, vous pouvez exécuter vos virages avec les skis parallèles.

**Voir DVD**
Chapitre 2

# Se diriger avec les jambes

Plusieurs skieurs commettent la faute courante d'amorcer leurs virages sans dissocier les mouvements du haut et du bas du corps. Autrement dit, ils se servent de leur corps entier pour diriger leurs skis et ce, même au risque de perdre l'équilibre. Or, la meilleure façon d'exécuter un virage consiste à séparer le mouvement des jambes de celui des hanches et du haut du corps. La « boule » (ou tête fémorale) de la hanche peut alors pivoter librement à l'intérieur de sa cavité, ce qui permet aux jambes de contrôler la direction tout en laissant les hanches et le haut du corps faire face à la ligne de chute.

**Exercice : la fenêtre**
Érigez une « fenêtre » devant vous à l'aide de vos bâtons. Puis skiez en regardant la « vue » entre les bâtons. Exécutez des virages sans modifier la direction de votre regard. Vous pourrez plus aisément dissocier la trajectoire de vos jambes de celle du haut de votre corps.

**Exercice : les mains sur les hanches**
En plaçant vos mains sur vos hanches, vous percevrez leur rotation à l'entrée d'un virage. Soutenez vos hanches avec vos mains pour les stabiliser et vous familiariser avec le mouvement de rotation requis pour vous diriger avec vos jambes.

## 1

**Virages parallèles dirigés par les jambes**
À l'entrée du virage, alignez vos hanches et le haut de votre corps en direction d'un point imaginaire situé dans la ligne de chute. Le haut de votre corps restera ainsi orienté vers l'aval de la piste.

**Rotation de l'épaule**
Rotation de l'épaule malvenue pour amorcer le virage.

## 2

Durant la manœuvre, dirigez les skis avec les muscles de vos cuisses. Pendant que vos jambes exécutent le virage, les articulations de vos hanches alignent le haut de votre corps sur l'aval de la piste.

**Rotation du corps entier**
Le skieur tourne tout son corps pour faire tourner ses skis.

## 3

Lorsque la rotation s'amplifie, sortez du virage en vous dirigeant avec les muscles de vos jambes. La boule de votre hanche reprendra sa position initiale après avoir pivoté à l'intérieur de sa cavité. Ce mouvement naturel vous prépare au prochain virage.

**Voir DVD**
**Chapitre 2**

**Perte d'équilibre**
La mauvaise position des hanches affecte le degré d'inclinaison des carres. Le skieur dérape.

# Passer au ski en parallèle

Vos premiers virages avec les skis parallèles vous feront vivre de belles sensations. De tels virages dans les deux directions paraissent plus fluides, et quand ils sont exécutés correctement, ils requièrent moins d'énergie que les virages en chasse-neige.

Avant d'accomplir des virages convenables avec les skis parallèles, vous devez d'abord acquérir deux nouveaux éléments de base : le déplacement du bassin et la conduite progressive. Le déplacement du bassin consiste à mouvoir vos hanches vers l'avant et de côté afin de favoriser l'inclinaison simultanée des jambes et des skis. La conduite progressive vous permet d'exécuter les virages avec rythme et fluidité.

1 **Virer en parallèle**
À l'entrée du virage, vos hanches se retrouvent au-dessus des carres extérieures. Les carres sont encore inclinées telles qu'elles l'étaient à la sortie du virage précédent.

2 Le déplacement de vos hanches vers l'avant et de côté déplace votre poids. Les carres de vos skis s'inclinent aussitôt vers l'intérieur pour entamer le virage.

**Mauvais virage**
Si vous négociez les virages en tournant vos skis d'un mouvement trop brusque, vos virages en « S » deviendront des virages en « Z ». Si vous exercez trop de pression sur les carres de vos skis, elles déraperont à l'extérieur du rayon idéal du virage. Votre ski extérieur pourrait alors se déplacer obliquement et mettre fin au parallélisme.

X

**3** Poursuivez progressivement la manœuvre en vous dirigeant avec les jambes plutôt qu'avec le haut du corps.

**4** La forme du virage doit prendre graduellement la courbure d'un arc. Le degré d'inclinaison de vos skis doit demeurer le même jusqu'à l'entrée du virage suivant.

**Voir DVD**
**Chapitre 2**

# Exercice de flexion des chevilles

La plupart des skieurs qui maîtrisent les virages avec les skis parallèles poursuivent leur apprentissage en négligeant de solliciter pleinement les articulations de leurs chevilles. En faisant fi de fléchir vos chevilles, vos genoux risquent d'adopter une position trop fléchie. Vous vous retrouvez alors « assis » sur vos skis et en perte d'équilibre.

1 **Fléchir la cheville** Plantez vos bâtons de manière à vous supporter. Levez la jambe située en aval. Vérifiez la flexion de votre cheville située en amont avant de commencer.

2 Toujours supporté par vos bâtons, effectuez des mouvements de flexion et d'extension de votre cheville en amont en sautillant légèrement. Maintenez l'autre jambe en suspension.

3 Continuez à sautiller sur la jambe en amont en effectuant un demi-cercle. Assurez-vous de fléchir l'articulation de la cheville à chaque atterrissage.

Si vos chevilles manquent de souplesse, vous aurez plus de difficulté à diriger vos skis. Une cheville fléchie procure un pouvoir de levier supplémentaire à votre jambe et lui confère une puissance accrue. La flexion des chevilles développe la souplesse de vos articulations et vous indique aussi le véritable degré de flexibilité de vos chaussures.

**4** Lorsque vos spatules s'alignent avec la ligne de chute, prenez garde de ne pas transférer votre poids à l'arrière de vos skis.

**5** Poursuivez le mouvement de rotation en sautillant. Concentrez-vous sur le fléchissement de votre cheville. Exécutez vos rotations avec votre cuisse et non avec votre pied.

**6** À la fin du mouvement, attendez quelques instants avant de laisser retomber votre jambe en suspension. Répétez l'exercice avec l'autre jambe.

# Le planté du bâton : notions de base

Au-delà de l'apprentissage des virages avec les skis parallèles, vous saisirez mieux l'importance du planté du bâton, qui consiste à plonger les pointes de vos bâtons dans la neige à l'entrée de chaque virage.

Le planté du bâton améliore la synchronisation, car planter les bâtons en cadence favorise le rythme des virages. Vos bâtons vous offrent deux points de contact supplémentaires avec la piste. Ils améliorent votre équilibre et rendent votre exécution plus dynamique, deux atouts essentiels pour vous mesurer aux bosses, au ski libre et aux pentes abruptes.

**Les bras en « O »**
Vous enfoncerez mieux vos bâtons si vous placez les bras en forme de « O ». Cette position vous permet aussi d'empêcher la rotation du haut du corps et prévient la perte d'équilibre. L'avant-bras aura moins tendance à se déployer vers l'extérieur.

**Les bras en « A »**
La plupart des skieurs adoptent cette posture du haut du corps. Or, si vous plantez vos bâtons dans cette position, votre avant-bras se déploiera vers l'extérieur, ce qui amènera le haut du corps à pivoter, suivi des hanches... et d'une perte d'équilibre.

**Exécution du planté du bâton**
À l'entrée d'un virage, le skieur enfonce un bâton dans la neige. Les deux bâtons sont toujours en mouvement : dès que l'un s'enfonce, l'autre se déplace déjà en prévision du virage suivant. Le bâton agit comme troisième point de contact entre le skieur et la surface enneigée.

**Bras incurvés**
La position ovale des bras stabilise le haut du corps du skieur.

**Centre de gravité**
Lors du virage, le planté du bâton déplace le centre de gravité vers l'avant et en aval.

**Skis à plat**
Lorsque vos hanches se déplacent latéralement au-dessus de vos pieds, l'inclinaison des carres passe de droite à gauche.

**Bâton en avant**
Placez votre bâton en diagonale vers l'avant et en aval du pied qui entame le virage.

# S'exercer au planté du bâton

L'exécution du planté de bâton lors des virages avec les skis parallèles est relativement simple. Pour les descentes plus exigeantes – les bosses, le ski libre, les pistes abruptes et les virages coupés –, il est important d'enfoncer le bâton plus fermement. La plupart des skieurs pensent à tort accroître la puissance du planté en s'élançant avec leurs bras. Pour augmenter votre force, appliquez plutôt les techniques suivantes. Elles ont été conçues pour stabiliser le mouvement des bras et vous donner plus de puissance pour planter vos bâtons.

1 **Planté du bâton efficace** Avant le contact, déployez votre poignet gauche pour incliner le bâton vers l'avant et en diagonale.

2 En adoptant la position ovale des bras pour placer votre bâton, vous l'enfoncerez plus fermement.

3 Placez votre poignet en vue du planté suivant. Gardez les épaules incurvées.

**Le mouvement du poignet**

La puissance du planté de bâton provient d'un petit mouvement brusque du poignet et non pas d'un élan du bras. Sur place, balancez votre bâton de l'arrière vers l'avant avec votre seul poignet. Répétez cet exercice en skiant.

**4** Placez le bâton de manière à ce que la rondelle se retrouve en avant de votre main. Vous augmenterez ainsi la puissance de l'impact.

**5** Au moment de l'impact, prolongez le mouvement du poignet en avant et vers le bas pour maintenir la position ovale des bras.

**6** À l'aide de votre poignet gauche, inclinez le bâton en vue du planté suivant.

# go La conduite coupée

# Aperçu…

### Initiation à la conduite coupée : 104-107

Le ski en montagne met en jeu plusieurs forces. La gravité vous attire vers le bas, tandis que la force centrifuge vous donne une impulsion contraire à celle de votre trajectoire. La conduite coupée permet de contrôler ces forces. Vous apprendrez aussi comment la forme de vos skis peut rendre vos virages plus efficaces.

### Capacités requises : 108-111

Pour améliorer votre conduite coupée, vous devez incliner davantage les jambes à l'entrée des virages. Vos virages coupés seront plus dynamiques si vous prenez graduellement le contrôle de la direction durant la manœuvre. Les exercices présentés vous aideront à progresser.

### Améliorer votre technique : 112-115

Lorsque vous maîtriserez la conduite coupée, vous pourrez accroître la vitesse de vos descentes. Vous devrez porter cependant une attention particulière à la résistance accrue sur les carres de vos skis. Plus vous progresserez, plus les défauts de votre posture deviendront évidents. Pour réussir un virage coupé impeccable, une posture solide et symétrique s'impose.

# L'art de la conduite coupée

Au cours d'un virage coupé, la carre du ski découpe un arc dans la neige avec un minimum de dérapage. Les virages en conduite coupée avec les skis parallèles ajoutent au plaisir que l'on retire à faire du ski. Votre nouvelle compréhension des aspects techniques du ski et des forces en jeu vous feront pleinement profiter de ce sport.

La forme (découpe) des skis influe grandement sur la qualité des virages coupés. Une découpe prononcée permet de tracer un arc avec peu d'efforts, alors qu'un ski moins découpé est plus difficile à manœuvrer.

**Des virages fluides**
Les virages coupés que ce skieur effectue dans la poudreuse laissent une trace très évidente. Pour exécuter de tels virages, le skieur tire avantage de toutes les forces physiques en présence. Il déploie moins d'efforts et retire davantage d'agrément que s'il pratiquait des virages élémentaires avec les skis parallèles.

## Souque à la corde

Lors d'un virage coupé, vous sentez une résistance s'accumuler le long des carres de vos skis, car à l'entrée du virage, la force centrifuge augmente l'impulsion de votre corps. Pour contrôler cette force, vous devez vous incliner à l'intérieur du virage. Exercez-vous à cette position en demandant à un ami qui se tient immobile de vous tirer par le bras. Compensez cette résistance simulée en vous inclinant du côté opposé comme si vous viriez en skis.

### Les forces en jeu

Lorsqu'il exécute un virage, le skieur génère une force centripète en s'inclinant à l'intérieur de l'arc tracé par ses skis. Cette manœuvre empêche la force centrifuge de le déporter à l'extérieur de la trajectoire de l'arc. Par ailleurs, le skieur contrebalance la force de gravité qui l'attire vers le bas en contrôlant la conduite de ses skis et en absorbant la résistance avec son corps.

**Force centrifuge**
C'est la force qui vous propulse vers l'extérieur au moment où vous entrez dans un virage.

**Force centripète**
C'est la force exercée par l'inclinaison de vos hanches à l'intérieur de l'arc du virage pour contrebalancer la force centrifuge.

**Gravité**
C'est la force qui attire votre corps en direction de la ligne de chute et qui permet de vous mouvoir.

**Résistance de la neige**
Le skieur doit bien évaluer la résistance de la neige sur ses skis, qui varie en fonction de la surface, des conditions et de la vitesse.

Voir DVD
Chapitre 3

# La découpe des skis pour mieux virer

Les skis présentant une découpe prononcée (en forme de sablier) exécutent des virages plus serrés que les skis moins découpés.

La découpe des skis de slalom est plus prononcée que celle des skis tout terrain. Leur rayon de virage est plus petit. Le poids du skieur sur les skis accentue la courbe de l'arc et diminue le rayon de virage, ce qui donne des virages plus serrés. Avant d'entreprendre une descente en conduite coupée, efforcez-vous d'évaluer la capacité de vos skis dans les virages. L'exercice qui suit pourrait vous être utile.

**Exercice**
Pour évaluer la capacité de vos skis dans les virages, choisissez une pente à faible inclinaison. Engagez-vous dans la ligne de chute en déplaçant vos hanches latéralement au-dessus de vos skis. Ne dirigez pas vos skis avec les jambes ou en pédalant. En glissant ainsi sur les carres, vous déterminerez leur efficacité pour les virages coupés.

**Skis inclinés**
Inclinez vos skis sur leurs carres de façon à ce que le virage s'exécute uniquement à l'aide de la découpe. Ne dirigez pas vos skis et n'appliquez aucune pression.

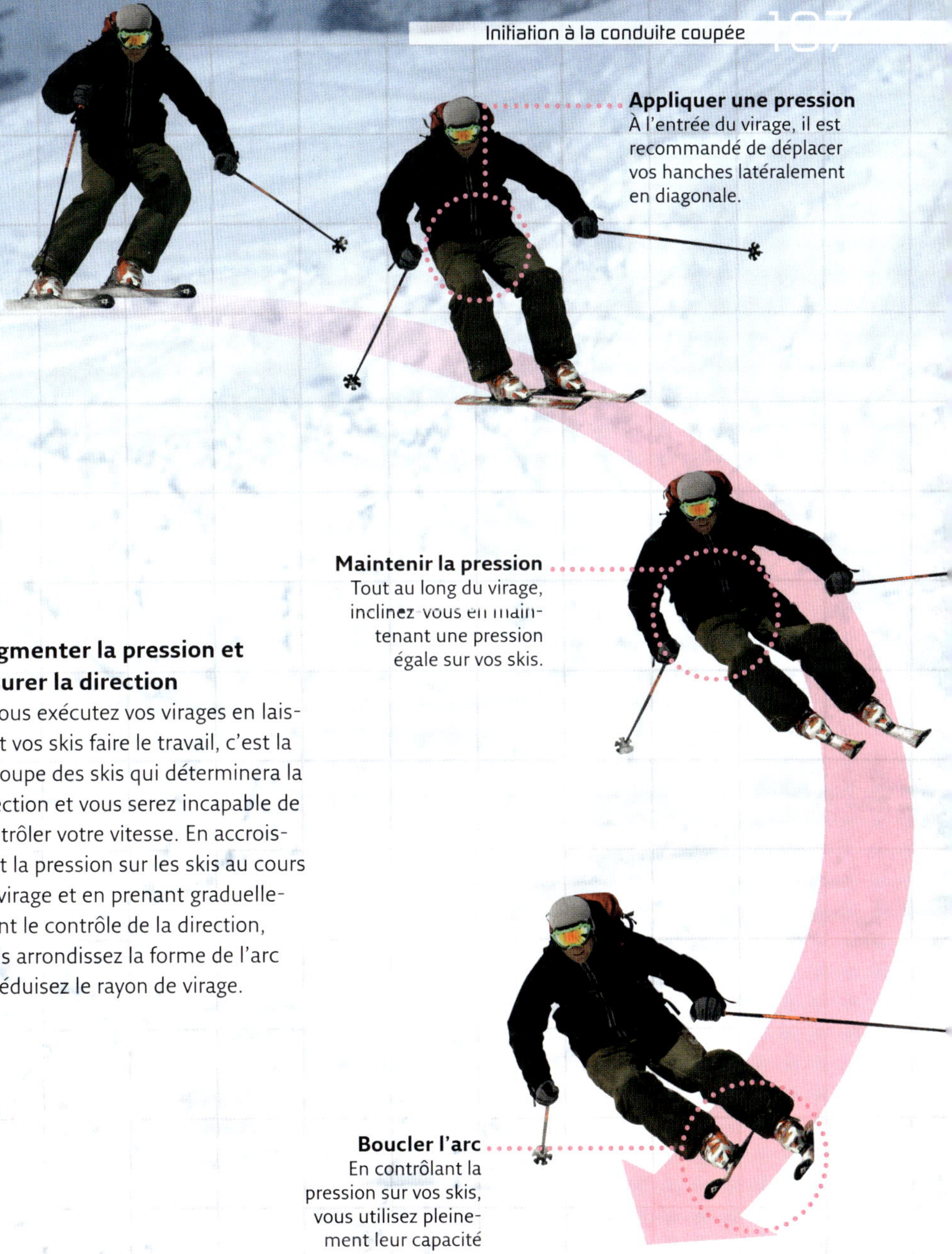

**Appliquer une pression**
À l'entrée du virage, il est recommandé de déplacer vos hanches latéralement en diagonale.

**Maintenir la pression**
Tout au long du virage, inclinez-vous en maintenant une pression égale sur vos skis.

## Augmenter la pression et assurer la direction

Si vous exécutez vos virages en laissant vos skis faire le travail, c'est la découpe des skis qui déterminera la direction et vous serez incapable de contrôler votre vitesse. En accroissant la pression sur les skis au cours du virage et en prenant graduellement le contrôle de la direction, vous arrondissez la forme de l'arc et réduisez le rayon de virage.

**Boucler l'arc**
En contrôlant la pression sur vos skis, vous utilisez pleinement leur capacité pour les virages.

# Des virages plus dynamiques

Pour aller plus vite et réaliser des virages plus dynamiques, il faut offrir une plus grande résistance à la force centrifuge. Vos hanches doivent se déplacer davantage à l'intérieur du virage et vous devez augmenter l'inclinaison de vos carres.

La plupart des skieurs n'atteignent jamais leur plein potentiel en virages coupés en raison de leur incapacité de se pencher suffisamment dès l'entrée du virage. Cette incapacité est à la fois physique et mentale. La solution à ce problème se situe souvent au niveau des hanches. Les exercices suivants peuvent vous aider à surmonter cette contrainte, ainsi que la peur de chuter qui vous empêche de progresser.

### a Exercice de déplacement latéral des hanches

Avant d'incliner les jambes, vous devez bouger les hanches latéralement. À l'entrée du virage, placez votre main sur la hanche extérieure et faites-lui suivre le virage. Votre hanche se placera à l'intérieur du virage, et l'angle d'inclinaison de vos jambes et de vos carres sera plus prononcé. Répétez cet exercice sans vous servir de votre main.

### b Exercice de chute vers l'avant

Déchaussez vos skis. Exercez-vous à tomber en diagonale vers l'avant. Laissez vos hanches amorcer le mouvement. Quand vous êtes sur le point de perdre l'équilibre, faites un pas de côté pour vous soutenir.

### c Exercice pour la jambe intérieure

À l'entrée d'un virage, la jambe intérieure tarde souvent à s'incliner. Pour inciter votre hanche à bouger plus tôt, placez votre main à l'intérieur de la cuisse en virant. Vous inciterez ainsi votre hanche à plier davantage et à mieux contrôler la direction.

Voir DVD
Chapitre 3

# Le contrôle de la direction

Le contrôle de la rotation des jambes durant les virages requiert une force musculaire adéquate. La plupart des skieurs font pivoter leurs jambes à l'entrée du virage, mais ils adoptent une position statique pour la suite de la manœuvre. Cela s'explique de diverses façons : le skieur manque de confiance, s'incline trop vers l'arrière, ne sait pas conduire avec les cuisses ou se fie trop à la découpe de ses skis pour effectuer ses virages.

Vos muscles doivent diriger vos jambes au cours de toutes les étapes d'un virage. Les exercices préparatoires des pages 40 et 41 peuvent vous aider à mieux contrôler votre trajectoire et à convertir votre force musculaire en mouvement de propulsion continue. Les muscles de vos jambes auront plus d'endurance et pourront désormais vous diriger sans interruption dans les virages.

1 **Conduite continue avec les jambes** Dès la sortie du virage à gauche, le skieur s'incline du côté opposé pour amorcer l'entrée du virage à droite.

2 Quand les jambes s'inclinent, les cuisses dirigent les skis vers l'entrée du virage.

3 Les cuisses dirigent les skis vers la ligne de chute. Les hanches et le haut du corps gardent la même position.

**Puissance et précision**
En développant les muscles qui dirigent les jambes, vous contrôlerez mieux votre trajectoire. Si par contre vos muscles manquent de vigueur, vous aurez moins confiance en vos moyens dans les virages. La force musculaire vous permet d'incliner les jambes avec aisance et de mieux contrôler la pression sur vos skis, ce qui facilite les virages coupés et réduit le risque de déraper. Vous pouvez ainsi changer le rayon d'un virage sans nuire à votre conduite coupée.

**4** Les skis se retrouvent au-delà de la ligne de chute. La rotation des cuisses se poursuit. La pression augmente sur le ski en aval.

**5** Alors que les jambes s'inclinent graduellement, la pression s'accroît. Les jambes contrôlent toujours la trajectoire.

**6** Afin de maintenir votre vitesse, dirigez-vous avec les jambes jusqu'à la sortie du virage avant d'amorcer le suivant.

# Une posture symétrique

Pour exécuter des virages parfaits avec les skis parallèles, vous devez d'abord adopter une posture symétrique. Alignez vos pieds, vos genoux et vos hanches.

L'incapacité de certains skieurs à maintenir une posture symétrique s'explique de plusieurs façons. Un manque de confiance peut inciter le skieur à coller les genoux ou à écarter trop les jambes. Un contrôle musculaire inadéquat peut empêcher les jambes d'adopter la position symétrique. Des chaussures de ski mal ajustées peuvent favoriser une mauvaise posture. L'exercice de contrôle latéral vous permet d'améliorer la symétrie de vos jambes.

**Posture symétrique**
Au cours de l'exécution des virages, la même distance sépare les pieds, les genoux et les hanches. Cette posture symétrique requiert un bon contrôle latéral.

**Voir DVD**
**Chapitre 3**

**Pronation**
Chez la skieuse de gauche, la pronation (plantes des pieds tournées vers l'extérieur) provoque une symétrie latérale inadéquate. Les chevilles et les genoux sont tournés vers l'intérieur. Dans cette posture, il est difficile de réaliser des virages parallèles. Les skis se déplacent sur leurs carres intérieures.

**Volutation**
La volutation (plantes des pieds tournées vers l'intérieur) chez la skieuse de droite provoque également une symétrie latérale inadéquate. Les chevilles et les genoux sont tournés vers l'extérieur. Cette posture rend les virages difficiles à exécuter, car les skis se déplacent sur leurs carres extérieures.

1 **Exercice de contrôle latéral**
Les semelles bien à plat, répartissez votre poids de manière uniforme sur les deux skis. En vous supportant avec vos bâtons, glissez vos pieds l'un vers l'autre.

2 Glissez vos skis l'un vers l'autre en vous assurant qu'ils franchissent la même distance. Répartissez votre poids de manière uniforme et servez-vous de vos bâtons pour garder l'équilibre.

3 Ramenez les skis l'un contre l'autre. Poursuivez l'exercice jusqu'à ce que vous ressentiez l'effort déployé par les muscles responsables du mouvement latéral.

# Le contrôle de la pression

Pour améliorer l'exécution de vos virages coupés, vous devez d'abord apprendre à gérer la pression qui s'exerce sur vos skis. Une partie de cette pression provient du skieur, qui souhaite imprimer à son ski la courbure requise pour la conduite coupée. Mais d'autres formes de pression s'exercent entre la neige et les skis, qui doivent être maîtrisées tout autant. C'est important à la fois pour obtenir une meilleure efficacité et vous empêcher de déraper à la sortie des virages.

1 **Appliquer une pression** En exécutant un virage, vous sentez le poids de votre corps se déplacer naturellement vers l'arrière de vos skis.

2 La position des hanches à la sortie du virage exerce une pression sur les talons des skis. Concentrez-vous sur le mouvement latéral anticipé de vos hanches vers l'avant pour l'entrée du virage suivant.

3 Utilisez vos mains pour vous propulser vers l'avant et en diagonale au-dessus de vos skis. Vous pourrez ainsi diriger vos hanches à l'entrée du virage suivant.

## Contrôler la pression

Le mouvement de pédalage que vous avez appris au début de votre apprentissage pourrait vous inciter à exercer trop de pression sur vos skis. À haute vitesse, plusieurs skieurs donnent trop d'inflexion à leur ski situé en aval et dérapent. Lors des virages, servez-vous de vos carres pour garder votre équilibre.

✓

**Carres bien agrippées**
Le skieur exécute un virage coupé en équilibre sur ses carres. Les carres s'agrippent à la neige.

✗

**Mauvaise inclinaison**
Le skieur applique trop de pression sur son ski en aval. Les carres ne peuvent pas s'agripper à la neige.

**4** Lorsque votre masse se déplace vers l'avant, une pression s'exerce sur la partie avant de vos skis. Gardez vos articulations bien fléchies, surtout les chevilles.

**5** La pression courbe les skis. Lors du virage, la position de cambrure inversée et la découpe du ski permettent aux skis de tracer un arc.

**6** Inclinez-vous et prenez graduellement le contrôle de votre trajectoire tout au long du virage. Vous sentirez votre poids se déplacer de nouveau vers l'arrière de vos skis.

**Voir DVD**
Chapitre 3

# go Sur les pentes abruptes

# Aperçu...

## Le défi des pentes abruptes : 120-121

La sensation que l'on éprouve au sommet d'une pente abrupte est physiquement et mentalement différente de celle que l'on ressent en haut d'une pente à faible inclinaison. Sur une pente abrupte, la gravité vous attire plus vite vers le bas et le contrôle de la vitesse exige plus d'efforts. Si vous déplacez votre poids à l'arrière de vos skis, vous aurez plus de difficulté à les diriger.

## Accroître sa confiance : 122-123

Pour accroître votre confiance sur une pente abrupte, commencez par effectuer des virages en chasse-neige. Adoptez une posture dynamique en virant pour vous assurer que vos articulations sont aussi souples et fonctionnelles qu'elles le seraient sur une pente plus douce. Efforcez-vous de bien évaluer l'inclinaison de la pente et assurez-vous qu'elle mène à une partie plus plane de la piste ; vous vous sentirez ainsi plus en confiance.

## Descendre une pente abrupte : 124-125

Le planté du bâton sur les pentes abruptes peut vous aider à améliorer votre technique. Vos bâtons vous apportent en effet un appui considérable et vous aident à projeter votre corps en direction de la ligne de chute. Des exercices particuliers vous permettront de développer davantage votre habileté à manier vos bâtons. Pratiquez ces exercices pour descendre les pentes abruptes avec rythme et fluidité.

# Le défi des pentes abruptes

De prime abord, il est plus difficile de contrôler la trajectoire de vos skis sur une pente abrupte. Lorsque vous êtes incliné sur vos carres pour exécuter un virage, vous prenez plus rapidement de la vitesse à la sortie du virage que lors d'une descente sur piste à faible inclinaison. Plus la pente est abrupte, plus vous aurez l'impression d'être en chute libre lors des virages. Pour bien diriger vos skis, vous aurez besoin d'une puissance accrue et d'un bon équilibre.

Pour descendre une pente abrupte, la plupart des skieurs déplacent instinctivement leur poids vers l'arrière, mais en agissant ainsi, les talons des skis s'agrippent davantage dans la neige. La maîtrise des skis devient alors plus difficile. Si le ski situé à l'intérieur dérape au cours du virage, vous accélérerez en direction de la ligne de chute. Votre trajectoire deviendra imprévisible et vous ne vous sentirez plus en contrôle.

Lorsque vous descendez une pente abrupte, vous vous sentez plus lourd à cause de la poussée gravitationnelle. Vous devez porter attention à la résistance qui s'accroît sur votre jambe en aval – si cette résistance s'accroît indûment, la carre de votre ski ne pourra plus s'agripper à la surface. Votre ski situé en aval pourrait déraper vers l'extérieur et vous faire chuter.

**Voir DVD**
Chapitre 4

**Bonne posture dans la ligne de chute**
Lorsque vous êtes en direction de la ligne de chute, répartissez votre poids au-dessus de vos avant-pieds. Fléchissez les chevilles. Ne vous inclinez pas vers l'arrière.

**Mauvaise posture dans la ligne de chute**
Assurez-vous que vos chevilles restent fléchies et que votre corps se retrouve à la remorque de vos jambes. Si vous êtes trop incliné vers l'arrière, les talons de vos skis creuseront dans la neige et vous aurez de la difficulté à vous diriger.

**Bonne posture à la sortie d'un virage**
À la sortie d'un virage, inclinez-vous vers la piste et agrippez la neige à l'aide de vos carres, tout en gardant le corps bien perpendiculaire à la pente. Vous aurez ainsi une base solide pour attaquer le virage suivant.

**Mauvaise posture à la sortie d'un virage**
Ne laissez pas le haut du corps s'insérer à l'intérieur du virage, car vos skis retomberaient à plat, et la résistance sur le ski en amont augmenterait et ferait déraper le ski en aval.

# Accroître sa confiance

Si vous voulez développer votre technique de ski, il est essentiel d'accroître votre confiance sur les pentes abruptes. Vous pouvez atteindre ce niveau crucial de confiance en vos moyens de plusieurs façons.

Bon nombre de skieurs perdent l'équilibre simplement à cause d'un manque de confiance. Ils s'appuient nerveusement sur l'arrière de leurs skis et perdent de la souplesse au niveau de leurs chevilles. Même si vous êtes nerveux, adoptez une posture qui permet à vos chevilles de fléchir. Lors des virages, soyez attentif à la flexion de vos chevilles.

Pour accroître votre confiance quand vous abordez une piste abrupte pour la première fois, choisissez un relief conforme à vos capacités. Puis allez-y graduellement avec des descentes plus abruptes. Vous vous sentirez plus en confiance si votre parcours se termine par une section plus douce clairement visible du haut de la piste.

**La pente qui vous convient**
Lors de votre apprentissage, ne vous évertuez pas à dévaler les pentes les plus raides. Restez dans les limites de vos capacités, puis dirigez-vous petit à petit vers des pentes plus abruptes.

1 **En chasse-neige**
C'est souvent l'entrée de virage qui rebute les plus les skieurs débutants sur une pente abrupte. Pour vous sentir plus en confiance, tournez l'un de vos skis en biais.

2 En arrivant dans la ligne de chute, placez le ski en amont en biais au travers de la piste. Appliquez une pression sur le ski en aval comme vous le feriez dans votre mouvement de pédalage pour vos virages en chasse-neige.

3 Dirigez-vous graduellement vers la sortie du virage en veillant à le compléter. Vous contrôlerez mieux votre vitesse avant d'amorcer le suivant.

✓

**Bonne flexion des chevilles**
Pour une flexion optimale des chevilles lors d'un virage, gardez les hanches alignées sur vos avant-pieds. Placez les mains en face de vous.

**Voir DVD**
**Chapitre 4**

✗

**Mauvaise flexion des chevilles**
Ne laissez pas vos hanches reculer et ne raidissez pas les chevilles, car vous perdriez la stabilité requise pour diriger vos skis.

# Descendre une pente abrupte

Pour skier en parallèle sur les pentes abruptes, vous devez déplacer latéralement vos hanches au-dessus de vos pieds et vers l'aval de la pente. Vos skis se retrouvent ainsi sur le plat par rapport à l'inclinaison de la pente. Dans cette position, vos skis peuvent être dirigés vers l'entrée du prochain virage et s'incliner graduellement sur les carres du côté opposé.

Projeter les hanches au-dessus de ses pieds en aval d'une piste abrupte peut être très rebutant. Les skieurs débutants vont souvent commencer à diriger leurs skis avant que leurs hanches soient alignées au-dessus de leurs pieds, mais ils se retrouvent alors en position de chasse-neige. Le virage ne peut donc pas se faire en parallèle. Pour vous habituer au mouvement et accroître votre confiance, pratiquez l'exercice suivant.

1

**Exercice d'appui sur bâton**
Plantez votre bâton à environ 1 mètre (3 pi) en avant de votre ski situé en aval, vis-à-vis de l'arrière de votre chaussure. Placez votre paume sur le dessus du bâton, puis tendez le bras en laissant votre poids reposer sur le bâton.

2

Lorsque votre bâton supporte entièrement votre poids, déplacez graduellement les hanches latéralement au-dessus de vos pieds. Continuez d'appuyer votre poids sur le bâton. Lorsque les skis se retrouvent à plat, dirigez-vous avec les jambes.

### L'utilisation des bâtons

Lorsque vous aurez effectué l'exercice d'appui sur bâton plusieurs fois, essayez de retrouver la même sensation dans vos descentes. En plantant votre bâton, efforcez-vous de ressentir le déplacement latéral de vos hanches et la semelle de vos skis qui épouse la surface enneigée. Lorsque vous adoptez une posture convenable, vous simplifiez l'exécution de vos virages avec les skis parallèles.

**Le planté du bâton**
Un planté du bâton puissant accroît la confiance et incite le corps à se déplacer vers la ligne de chute.

**3** Dirigez-vous avec les jambes en gardant les hanches au-dessus de vos avant-pieds. N'avancez pas trop en travers de la piste – skiez à l'intérieur d'un corridor imaginaire d'une largeur de 2 mètres (6 pi).

**4** À la sortie du virage, gardez les hanches vers l'aval de la piste. Pour éviter de déraper, dirigez vos skis en travers de la ligne de chute.

**Voir DVD**
Chapitre 4

# go Les bosses

# Aperçu...

## Bosses pour débutants : 130-131

Les bosses sont des monticules de neige formés par la descente de centaines de skieurs sur une même piste. Pour bien négocier les bosses, vous devez développer l'habileté de pivoter et de déraper. Vous pourrez ainsi vous frayer un chemin à travers les bosses avec assurance. En devenant plus agile sur les bosses, vous augmenterez votre confiance et le plaisir de skier.

## Se frotter aux bosses : 132-133

Lorsque vous aurez développé votre habileté à déraper et à faire pivoter vos skis, vous pourrez skier dans les bosses avec plus d'assurance. Lancez-vous ensuite le défi de suivre une trajectoire plus directe à l'intérieur d'un corridor plus étroit. Vous y parviendrez en étudiant soigneusement le parcours et en développant davantage vos capacités en conduite glissée.

## Bosses en pentes abruptes : 134-135

Pour parfaire votre apprentissage, skiez au milieu de bosses de plus grande taille situées sur des pistes plus abruptes. Mais vous devrez d'abord développer l'habileté d'avaler les bosses en gardant le haut du corps stable. Vous devrez aussi resserrer votre posture et optimiser le planté du bâton. Alors, plus aucune surface enneigée n'aura de secret pour vous.

**Voir DVD**
Chapitre 5

# Bosses pour débutants

Lorsque vous skiez dans les bosses, l'inclinaison latérale de vos jambes est inférieure à celle requise pour les virages coupés. Au début, vous aurez tendance à incliner les jambes plus qu'il ne faut. Mais à ce stade-ci de votre apprentissage, vous accélérerez trop vite. Pour mieux vous préparer à la sensation des bosses, essayez de virer sans vous incliner. Vous effectuerez alors un virage dérapé qui vous aidera à contrôler votre vitesse.

1 **Le virage braqué**
Pour enchaîner des virages dérapés à l'intérieur d'un corridor étroit, amorcez les virages en tournant les deux cuisses.

2 Assurez-vous que les semelles de vos skis reposent presque à plat sur la surface. Dirigez-vous avec les cuisses, les hanches orientées vers la ligne de chute.

1 **Le virage dérapé**
À l'entrée du virage, servez-vous de vos cuisses pour tourner les jambes sans les incliner.

2 Avancez les hanches au-dessus de vos pieds, puis tournez les cuisses. Vos épaules et vos hanches doivent s'orienter vers la ligne de chute.

3 Laissez vos skis glisser de côté en direction de la ligne de chute, tandis que la boule de votre hanche pivote complètement à l'intérieur de sa cavité.

3 Assurez-vous que vos hanches soient toujours au-dessus de vos pieds et que vos jambes ne s'inclinent pas de côté. Ne les raidissez pas, de peur qu'elles perdent leur flexibilité.

4 Complétez votre rotation en visant à vous retrouver perpendiculairement à la ligne de chute. Répétez plusieurs fois dans les deux directions. Skiez à l'intérieur d'un corridor d'une largeur de 2 mètres (6 pi).

# Se frotter aux bosses

Pour skier dans les bosses en pleine maîtrise et en toute confiance, effectuez des virages braqués dérapés. Vous contrôlerez mieux votre vitesse, ce qui vous laissera le temps de trouver et de négocier votre trajectoire. Il peut y avoir des passages où la piste est plus lisse, auquel cas vous n'oublierez pas d'avoir recours à l'inclinaison latérale.

1

**De bosse en bosse**
Pour maintenir une vitesse et une ligne de trajectoire constantes, faites pivoter vos skis sur le dessus de la bosse, alors que les semelles sont moins en contact avec la surface.

2

En glissant à l'arrière de la bosse, essayez de faire déraper vos skis perpendiculairement à la ligne de chute, de façon à mieux contrôler la vitesse du virage dérapé.

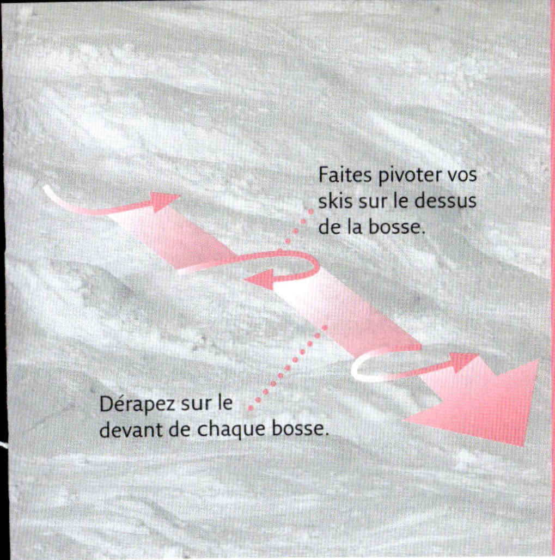


**Trouver une trajectoire**

Les aires de bosses sont souvent composés de bosses de toutes tailles, qui peuvent convenir à des skieurs de tous les niveaux, d'intermédiaire à expert. Essayer de privilégier un parcours aux bosses de taille semblable. Le meilleur endroit pour effectuer vos virages se situe au sommet des bosses. Faites pivoter vos skis, puis dérapez sur le devant de la bosse pour diminuer votre vitesse. Dirigez-vous ensuite vers la bosse suivante.

**3** Avant d'arriver au creux de la bosse suivante, déplacez votre poids vers le centre de vos skis. Essayez de planter votre bâton vers le sommet de la bosse.

**4** En dérapant sur la façade, fléchissez les articulations de vos jambes pour amortir la résistance accumulée. Plantez votre bâton avec puissance et préparez-vous à tourner les jambes en vue du virage suivant.

# Bosses en pentes abruptes

Le ski de bosses sur des pentes abruptes ou dans des bosses de grande taille exige davantage que des virages dérapés. À ce niveau d'agilité, la vitesse et la trajectoire se contrôlent en avalant les bosses. Vos muscles centraux doivent être plus puissants et plus énergiques, et vous devez planter vos bâtons plus rapidement. Enfin, vous devez maintenir votre posture sur le plan latéral.

Les bosses de grande taille laissent moins de temps pour réagir. La perte d'équilibre pardonne rarement. Avant de vous élancer sur ce type de piste, pratiquez les techniques suivantes dans des bosses convenant à vos capacités. Commencez par l'exercice de flexion des chevilles (voir pages 94-95).

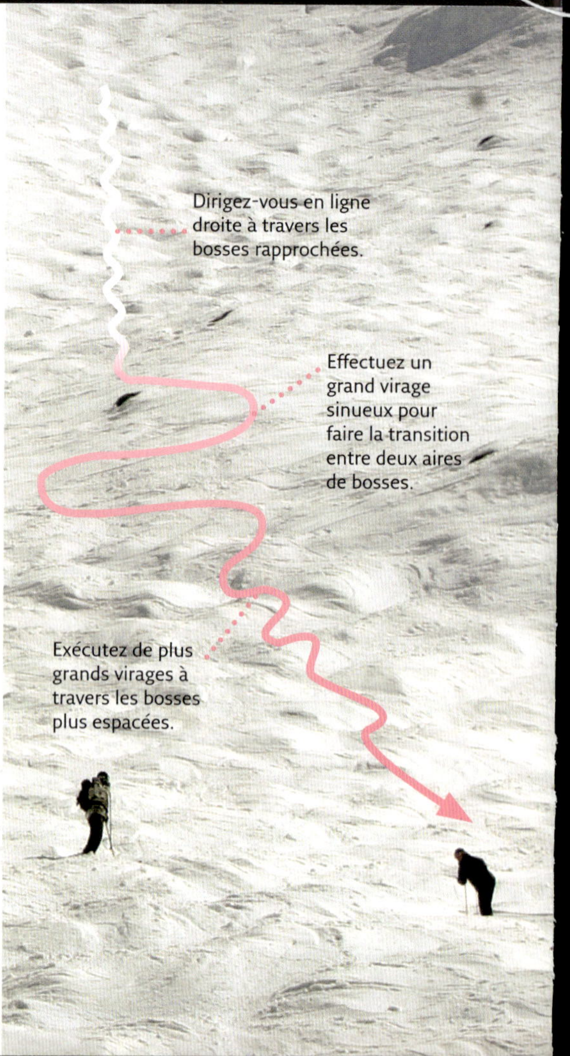


**Trouver la trajectoire**
Pour vous diriger en ligne droite à travers une aire de bosses en pente abrupte (en haut, sur la photo), vous devez resserrer votre posture, avaler les bosses et avoir des muscles centraux puissants. Dans les sections plus lisses, exécutez des virages à grand rayon.

### a Amortir les contrecoups

L'amortissement (ou avalement) réduit l'impact du contact avec les bosses. Pour avaler une bosse, repliez vos jambes en dessous de vos hanches. Pour vous déployer, dirigez l'avant de vos skis vers le creux suivant. En déployant vos jambes, vous créez une friction et réduisez votre vitesse.

### b Des muscles centraux forts et un planté du bâton vigoureux

La force d'impact que votre corps ressent est proportionnelle à la taille des bosses. Vos muscles centraux doivent résister aux chocs sans que votre corps s'affaisse vers l'avant et se retrouve en perte d'équilibre. Dans les grosses bosses, vous devez planter vos bâtons plus rapidement et avec plus de force.

### c Les pieds rapprochés

Resserrez votre posture en répartissant la pression uniformément sur vos deux skis. Renforcez vos jambes à l'aide de l'exercice de contrôle latéral (voir pages 112-113). Exercez une pression constante en adoptant une posture plus compacte.

Voir DVD
Chapitre 5

# go Se dépasser

# Aperçu...

## Le ski libre : 140-145

Le ski libre ou ski hors-piste est l'une des disciplines les plus agréables du ski. La montagne est constituée d'une variété de surfaces enneigées allant de la poudreuse à la neige façonnée par le temps ou le passage de nombreux skieurs. Pour skier dans ces conditions, vous devez appliquer des techniques qui peuvent avoir été développées dans les bosses et sur des pentes abruptes, ou en exécutant des virages coupés.

## Le ski acrobatique : 146-151

Le ski acrobatique a joué un rôle majeur dans l'industrie du ski depuis le début des années 1970. L'apparition récente de skis réversibles et d'aires de ski acrobatique dans les centres de ski lui ont fait connaître un nouvel essor. Le ski acrobatique est une discipline passionnante. Les figures de base incluent les rotations, la marche arrière et les sauts avec saisie de ski.

# Qu'est-ce que le ski libre ?

L'expression « ski libre » désigne le ski hors-piste. La qualité des surfaces peut varier entre le manteau neigeux d'une poudreuse exceptionnelle et les conditions plus exigeantes qui requièrent davantage de bagage technique.

Le ski libre est emblématique d'un état d'esprit particulier. Cet état s'incarne dans le silence enveloppant des espaces retirés, la sensation des skis qui flottent dans la poudreuse et la liberté de tracer sa voie dans le décor enneigé fabuleux de la haute montagne.

a

b

**Voir DVD**
**Chapitre 6**

c d

**La neige sous l'emprise des éléments**
a Le soleil et le vent peuvent affecter la poudreuse, la recouvrant d'une couche croûteuse. Notez ici la taille des croûtes de neige projetées par le skieur.

**La neige de printemps**
b La neige de printemps (ou granulée) a été réchauffée puis compactée. Le soleil chauffe la couche superficielle et la fait fondre, puis la surface gèle de nouveau. On retrouve cette neige en après-midi, tard dans la saison.

**La poudreuse**
c La poudreuse est légère et offre peu de résistance. Elle est habituellement à son meilleur un jour ou deux après une chute de neige. Remarquez les fins cristaux de neige.

**La neige battue**
d Cette surface inégale est exigeante sur le plan technique, mais elle peut vous aider à développer vos capacités. Elle est constituée de poudreuse travaillée par la descente de centaines de skieurs.

**Conseils pratiques**

- En ski libre, il est préférable de rapprocher vos pieds pour resserrer votre posture. Si vous skiez sur une surface inégale, une posture ouverte est plus instable.
- Lorsque les conditions de la surface sont variables, plusieurs contrecoups imprévisibles peuvent survenir. Pour éviter un affaissement du haut du corps, maintenez une posture ferme au niveau du torse.
- Si vos épaules sont voûtées, vous pourriez chuter vers l'avant. Gardez les épaules hautes.
- Adoptez un planté de bâton plus puissant, qui permettra à vos mains et à vos pieds de supporter votre corps. Vous vous sentirez plus léger.

# Ski libre pour débutants

Les surfaces de neige poudreuse et de conditions variables sont parmi les plus exigeantes. Elles requièrent une force, une coordination et un niveau d'équilibre au-dessus de la moyenne. Pour vous adapter à ces conditions et skier avec maîtrise et fluidité, vous devrez adapter votre posture et le contrôle de votre conduite en conséquence.

Lorsque vous skiez sur une surface poudreuse ou de conditions variables, il existe quatre façons d'adapter votre posture pour garder votre équilibre et faire preuve de fluidité : bouger avec souplesse en vous dirigeant avec les cuisses ; répartir votre poids également sur vos deux pieds ; rapprocher davantage vos skis ; amorcer vos virages avec un planté du bâton vigoureux. Vous aurez l'impression de toucher la neige avec vos mains et vos pieds et d'être propulsé par « quatre roues motrices ».

a

b

**a Conduite progressive**
Les sillons nets tracés par le skieur démontrent qu'il dirige progressivement ses skis à l'aide de ses cuisses. Comme la neige profonde offre plus de résistance, un virage plus serré produirait un mur de neige (voir page 145).

**b Posture resserrée**
Cette posture est idéale pour la poudreuse. Si vous ne rapprochez pas vos skis, ils pourraient se diriger dans deux directions opposées. Réduisez du tiers la largeur de votre posture habituelle.

**c Équilibre sur deux pieds**
La surface de neige poudreuse ou de conditions variables est de nature imprévisible. Vous devez donc répartir le poids sur vos pieds de manière uniforme. Si vous exercez trop de pression sur le ski en aval, il s'enfoncera dans la neige.

**d Planté de bâton vigoureux**
Sur une surface aux conditions variables, un planté de bâton vigoureux améliore l'amorce des virages et rend la trajectoire plus uniforme.

# Déjouer la poudreuse

Lorsque votre confiance et vos capacités auront augmenté, vous voudrez skier à vitesse plus élevée. Le ski libre à haute vitesse vous lance le défi de mettre en pratique les notions de base dans un contexte plus exigeant.

Si vous exécutez un virage serré à vitesse élevée dans la poudreuse, vous aurez peut-être l'impression d'entrer en collision avec un mur de neige. Il est préférable d'exécuter vos virages avec rythme et fluidité. Vous ressentirez néanmoins une résistance plus forte qu'à l'habitude sous votre ski en aval. Certaines techniques peuvent vous aider à contrer cette résistance, par exemple maintenir une tension dans vos jambes ou solliciter vos muscles centraux pour consolider la posture du haut du corps.

## Dans la poudreuse profonde

En ski libre, la surface enneigée n'est jamais ferme ni travaillée, mais toujours en changement. Si vous ne contrôlez pas la répartition de la pression sur vos skis, celui situé en aval s'enfoncera. En maintenant une tension dans vos jambes lors des virages, vous distribuez la pression également sur les deux skis. L'équilibre ne sera jamais parfait, mais efforcez-vous d'y parvenir.

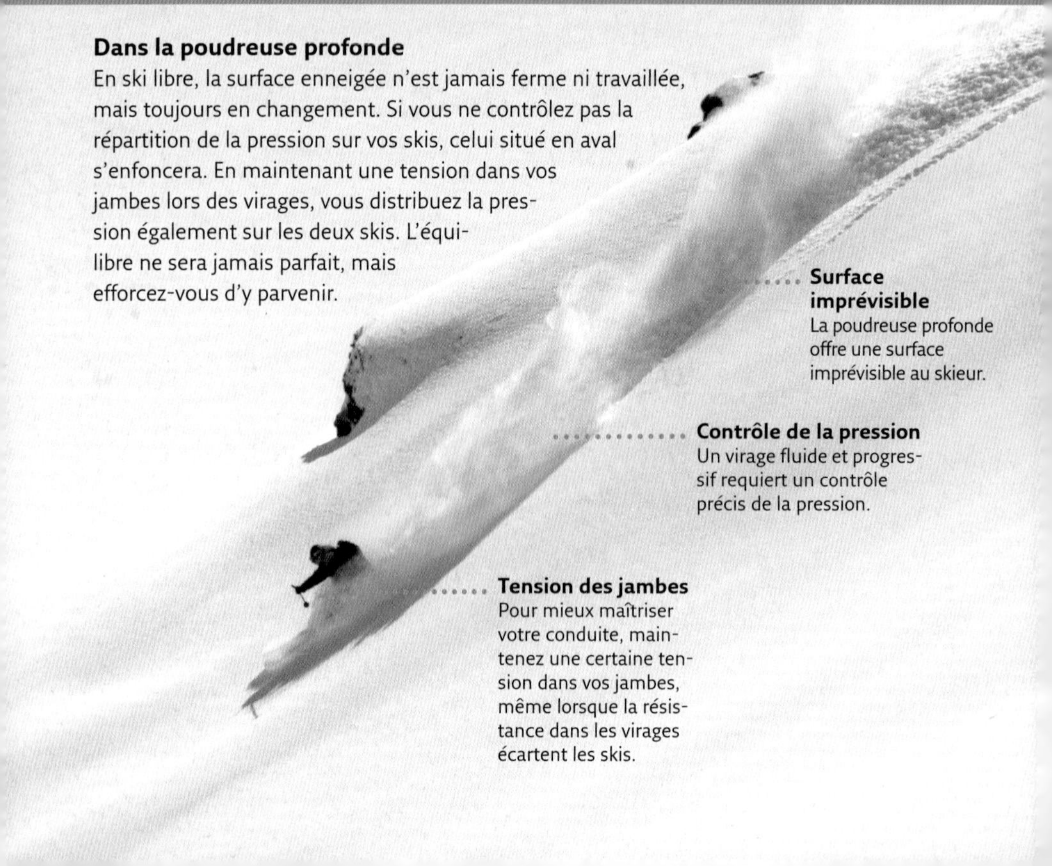

**Surface imprévisible**
La poudreuse profonde offre une surface imprévisible au skieur.

**Contrôle de la pression**
Un virage fluide et progressif requiert un contrôle précis de la pression.

**Tension des jambes**
Pour mieux maîtriser votre conduite, maintenez une certaine tension dans vos jambes, même lorsque la résistance dans les virages écartent les skis.

## Les virages en poudreuse profonde

Lorsque vous skiez dans la poudreuse à vitesse élevée, une énorme résistance peut s'accumuler sous le ski situé en aval. En vous propulsant en travers de la ligne de chute, vos skis comprimeront et repousseront la neige. La résistance ressentie à la sortie du virage ressemble à un mur qui se dresse et menace le maintien de votre posture. La partie du corps la plus encline à s'affaisser se situe au niveau de la taille. Si vos muscles centraux ne sont pas assez puissants, le haut du corps s'affaissera vers l'avant. Vous risquez alors de chuter tête première. Pour prévenir ce genre d'incident, sollicitez vos muscles centraux et amortissez une partie de la pression à l'aide de vos jambes.

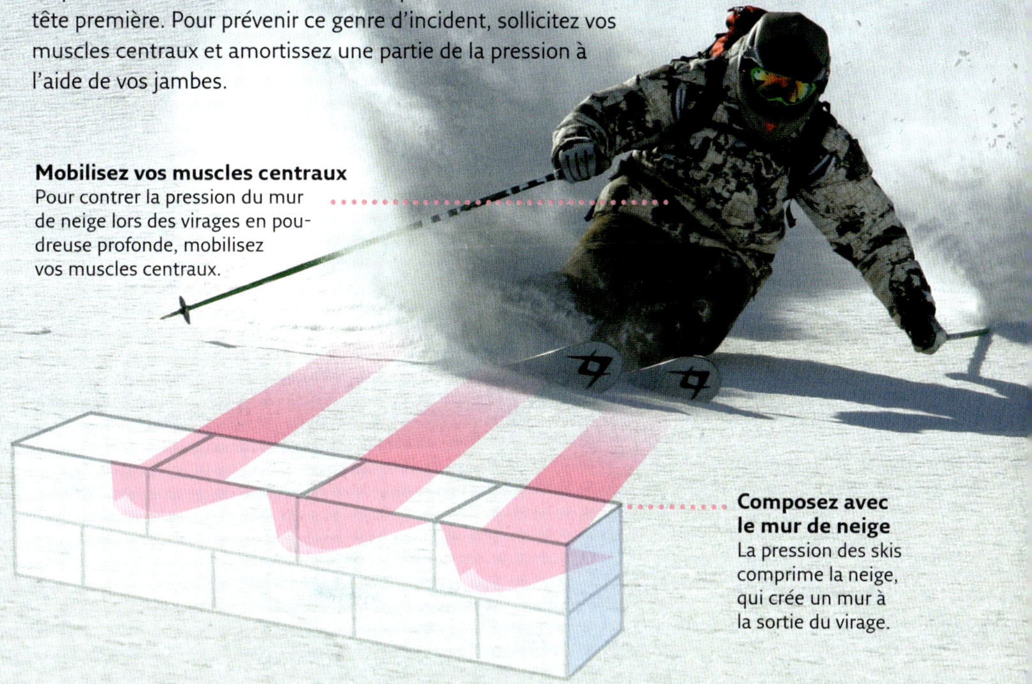


**Voir DVD**
**Chapitre 6**

# Ski acrobatique pour débutants

La pratique du ski acrobatique remonte au début des années 1970, mais la dernière décennie a vu naître une nouvelle école de ski acrobatique qui attire davantage d'adeptes. Désormais, la plupart des stations de ski offrent une aire de ski acrobatique. Mais avant de prendre votre envol, vous devrez maîtriser deux figures élémentaires : la marche arrière et la rotation au sol.

1 **La rotation au sol**
À l'aide de vos cuisses, amorcez la rotation en faisant pivoter les talons de vos skis vers l'aval de la piste.

2 Déplacez votre tête dans le sens de la rotation, puis regardez vers l'arrière. Gardez votre poids bien réparti entre vos skis.

**Tête**
Regardez toujours en direction du déplacement.

**Mains**
Gardez les mains basses et resserrez votre posture.

**Jambes**
Les jambes doivent être symétriques pour que les skis restent à plat.

**Skis réversibles**
Les spatules et les talons de ces skis sont relevés.

**Voir DVD**
**Chapitre 6**

**La marche arrière**

Pour pratiquer le ski en marche arrière, il est préférable de chausser des skis réversibles, car leurs extrémités relevées permettent au skieur de se diriger dans les deux sens. Commencez par vous exercer sur une piste à très faible inclinaison sur laquelle vous pourrez aisément adopter une posture symétrique. Regardez par-dessus votre épaule pour voir s'il n'y aurait pas d'autres skieurs.

**3** Le mouvement de rotation se poursuit. Vos skis doivent être à plat sur la neige.

**4** À mi-chemin, commencez à glisser les spatules de vos skis vers l'aval de la piste.

**5** Complétez la rotation en gardant vos skis à plat, les spatules orientées vers la ligne de chute.

# Votre premier envol

L'un des aspects les plus excitants du ski acrobatique consiste à sauter et à « accumuler du temps de vol ». Il est préférable de pratiquer d'abord ce mouvement sur le plat. Efforcez-vous de fléchir et de tendre vos articulations pour prendre votre envol. C'est la même technique que pour s'élancer du haut d'un monticule de neige.

Lorsque vous aurez répété cette technique à quelques reprises et serez à l'aise avec l'idée d'effectuer des sauts sur une piste normale, dirigez-vous vers un petit tremplin. Ce tremplin est en fait une rampe fabriquée avec de la neige, conçue pour augmenter la durée de votre vol. La pente de réception est inclinée pour permettre d'amortir le contrecoup de l'atterrissage.

1 **Sauter à partir d'un tremplin**
À l'approche du tremplin, décontractez vos muscles. Abordez la rampe en souplesse. Gardez la tête haute. Pour maintenir un bon équilibre, placez vos mains vers l'avant.

2 En approchant du nez du tremplin, déployez progressivement vos jambes de manière à vous donner une impulsion au moment du décollage. En vol, efforcez-vous de laisser vos articulations légèrement fléchies.

**3** Maintenez les jambes fléchies tout au long du vol. Gardez la tête haute et regardez en direction du point d'atterrissage anticipé.

**4** À l'atterrissage, chaque ski doit se poser sur la neige uniformément. Lorsque vous fléchissez votre posture pour amortir le choc, la flexion des chevilles est essentielle pour maintenir votre équilibre.

**Voir DVD**
**Chapitre 6**

# Dans l'aire de ski acrobatique

Lorsque vous serez à l'aise avec les sauts et la sensation de vous élancer dans les airs, vous pourrez pratiquer d'autres types de manœuvres. Celles-ci requièrent un bon équilibre et une aisance à se retrouver dans les airs. Au moment de l'envol, donnez-vous suffisamment d'impulsion pour vous laisser le temps d'exécuter les figures. Vous pouvez commencez à tester et à développer vos aptitudes en vous exerçant à croiser ou à agripper vos skis.

a

b

Voir DVD
Chapitre 6

**L'aire de ski acrobatique**
L'aire de ski acrobatique fait désormais partie du décor de la plupart des stations de ski. Il offre un éventail de modules et un choix de pistes vertes, bleues, rouges et noires. Respectez les autres skieurs et veillez à ne pas vous immobiliser près des endroits dangereux tels les pistes d'élan, les pentes de réception et la sortie des modules.

**a Mains sur les chaussures**
Préparez-vous à saisir vos skis en vous penchant pour toucher vos chaussures. Gardez la tête haute et regardez vers l'avant.

**b Saisie *safety***
Tendez un bras vers le bas, puis, une fois dans les airs, repliez les jambes. Saisissez la partie extérieure du ski avec un doigt, puis maintenez l'équilibre à l'aide de votre autre main.

**c Croiser les skis**
Avant de tenter une saisie *critical*, exercez-vous à croiser les skis dans les airs. Prévoyez assez de temps pour replacer vos skis en parallèle avant la réception.

**d Saisie *critical***
Au point culminant du saut, placez un ski devant vous à un angle de 45°, puis ramenez-le vers vous. Tendez le bras pour saisir le ski. Lâchez prise, puis revenez en position parallèle.

# Le ski sur le Net

Pour mieux vous renseigner sur la pratique du ski, connaître des écoles ou des stations, ou encore préparer un séjour-vacances en ski, les sites Internet suivants peuvent vous être utiles.

**QUÉBEC ET CANADA**

www.maneige.com
Site de l'Association des stations de ski du Québec. Informations sur un grand nombre de stations de ski partout au Québec, conditions de neige, forfaits, météo, calendrier d'activités, etc.

www.skiquebec.qc.ca
Site de Ski Québec, offrant notamment des informations sur le ski alpin et le ski acrobatique (sous l'angle compétitif surtout).

www.fqsa.com
Site de la Fédération québécoise de ski acrobatique.

www.skicanada.org
Site de Ski et Surf des neiges Canada (Conseil canadien du ski). Conseils en ski alpin. Liste de fournisseurs d'équipements (avec liens Internet).

www.skipressworld.com/ca/fr
Édition québécoise du magazine international en ligne SkiPresse.

**EUROPE**

www.auski.eu
Site offrant des séjours de ski en Europe (choix de plus de 200 stations de ski).

www.ffs.fr
Site de la Fédération française de ski.

www.swiss-ski.ch
Site de Swiss-Ski (Suisse).

www.ski.be
Site de la Fédération francophone belge de ski.

**AUTRE**

www.ski.com
Site américain offrant des séjours de ski partout en Amérique du Nord (en anglais seulement).

104

# Glossaire

**Activation de la région lombaire** - skier en sollicitant les transverses abdominaux et les muscles du bas du dos.
**Biomécanique** - action mécanique du corps pendant la pratique du ski.
**Bosses** - monticules de neige créés par le passage à répétition des autres skieurs.
**Bras placés en « A »** - mauvaise posture ; skier avec les genoux plus rapprochés que les pieds.
**Bras placés en « O »** - posture qui renforce le haut du corps.
**Cambrure** - la semelle d'un ski cambré est courbée au centre afin de rendre le ski plus souple ; il adhère ainsi mieux à la surface enneigée.
**Cambrure inversée** - le poids du skieur inverse la cambrure du ski, ce qui facilite l'exécution des virages coupés.
**Carres** - profils en acier situés le long des côtés de la semelle du ski.
**Carte des pistes** - carte du réseau des pistes distribuée lorsque vous achetez votre billet de remontée.
**Centre de gravité** - situé juste au-dessus du nombril. Lors de votre apprentissage, votre centre de gravité doit se maintenir au-dessus de vos avant-pieds.
**Chasse-neige** - position des skis en pointe pour faciliter le contrôle de la vitesse et des virages ; technique apprise à l'école de ski.
**Code de conduite de la FIS** - ensemble des 10 règles de la Fédération internationale de ski pour codifier la conduite du skieur.
**Couches de vêtements** - porter plusieurs couches de vêtements garde au chaud et aide à dissiper l'humidité et l'excédent de chaleur corporelle.
**Découpe** - forme de sablier de la plupart des skis ; facilite les virages.
**Déplacement latéral** - déplacement en travers d'une piste sur les carres des skis sans descendre la pente.
**Dérapage latéral** - technique de descente contrôlée pour pistes étroites ou abruptes qui accroît la confiance du skieur.
**Diriger avec les cuisses** - diriger les skis avec les muscles des jambes.
**École de ski** - lieu d'apprentissage pour skieurs débutants ; se trouve dans la plupart des stations de ski.
**Espace retiré** - espace vierge de la montagne situé au-delà du périmètre des pistes de ski.
**Fenêtre** - exercice conçu pour éviter la rotation du haut du corps et favoriser les déplacements dirigés par les jambes.
**Fixation** - fixe la chaussure au ski mais l'éjecte en cas de chute.
**Flexion de la chaussure** - flexion de la chaussure au niveau de la cheville, facilitée par les chaussures à chevilles articulées.
**Flexion de la cheville** - flexion de l'articulation de la cheville vers l'avant dans la chaussure de ski.
**Jambe externe** - jambe située à l'extérieur d'un virage ; lorsque le skieur exécute un virage à gauche, la jambe externe est la jambe droite.

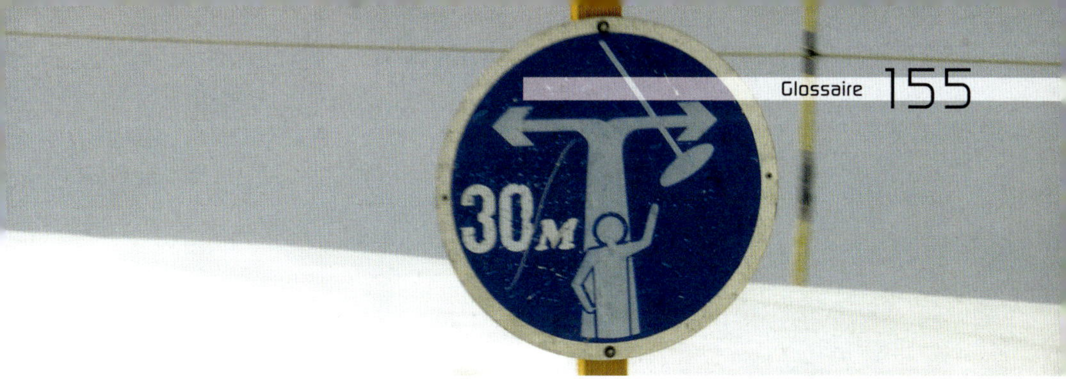




**Jambe interne** - jambe située à l'intérieur d'un virage ; lorsque le skieur exécute un virage à gauche, la jambe interne est la jambe gauche.

**Ligne de chute** - trajectoire naturelle que suivrait une balle si elle roulait vers le bas d'une pente.

**Marche arrière** - skier à reculons ; technique utilisée en ski libre.

**Mur de neige** - poussée ressentie par le skieur lors d'un virage exécuté en poudreuse profonde.

**Patiner** - technique pour se mouvoir sur le plat semblable à celle du patinage à glace ou à roues alignées.

**Planté du bâton** - enfoncement du bâton dans la neige pour faciliter surtout l'exécution d'un virage rapide à petit rayon.

**Posture dynamique** - position idéale pour maintenir l'équilibre lors des déplacements en ski.

**Pronation** - rotation des pieds vers l'intérieur qui cause un rapprochement des genoux.

**Propulsion continue** - fluidité et constance dans la conduite dirigée avec les jambes, au lieu de déplacements brusques.

**Rayon du virage** - amplitude minimale d'un virage attribuable aux skis ; le rayon du virage des skis de slalom est très serré, celui des skis tout terrain est grand.

**Saisie** - manœuvre de ski acrobatique qui consiste à saisir une partie des skis durant le vol.

**Ski libre** - mélange de ski hors-piste et de ski tout terrain emblématique du sentiment de liberté éprouvé en montagne.

**Virage braqué** - virage exécuté pour ralentir en dirigeant les skis en travers de la ligne de chute.

**Virage coupé** - virage exécuté avec les skis parallèles pour tracer une courbe nette dans la neige tout en adoptant une posture dynamique.

**Virage en J** - virage en chasse-neige qui se termine avec les skis pointés légèrement en amont ; dérapage semblable à celui ressenti avec les skis parallèles.

**Virage parallèle** - virage effectué en gardant les skis parallèles ; enseigné en première ou deuxième semaine d'école de ski.

**Volutation** - rotation des pieds vers l'extérieur qui cause un écartement des genoux.

## CLASSIFICATION DES PISTES

| États-Unis, Canada, Australie, Nouvelle-Zélande | Europe | Niveau de difficulté |
|---|---|---|
|  |  | Piste pour débutants ; généralement large, damée et à faible inclinaison. |
| |  | Piste facile ; légèrement plus étroite ou abrupte qu'une piste pour débutants. |
|  |  | Piste de difficulté intermédiaire ; habituellement damée. |
|  |  | Piste difficile, souvent non damée, à l'inclinaison plus accentuée qu'au niveau intermédiaire, et parfois constituée de couloirs abrupts et de dénivellations brusques. |
|  | | |

# Index

# En conclusion

**Remerciements**
J'aimerais vous remercier d'avoir choisi de lire cet ouvrage et de visionner ce DVD. J'espère que vous avez eu du plaisir à le faire et que vous en avez retiré beaucoup. La réalisation de ce livre et de ce DVD, répartie sur plusieurs mois, n'aurait pas été possible sans l'apport inestimable des personnes suivantes :

Melody Sky, Rod Wilkins, Richard Gilbert, Robin, Neil et Gavin chez Chrome Productions, Sophie Bevan, Craig McLean chez Putney Chiropractic, Pat Sharples, Phil Hopper, Rob Stanford, Emily Banks, Laurent au Casbah, Eric Piguet et Stefan Bula chez Verbier Sport+ (www.verbiersportplus.ch), Stewart Morgan chez Oakley, Alex Zika chez Volkl, Kevin Young chez Snow+Rock, Blair au Ski Service (www.skiservice.com), Greig Boyle à swiss.com, Martin Wehren et Bertrand Denervaud chez Scott Sports SA, Steve Couper chez Comform'able, Hamish Wolfenden chez Profeet, Ian Berry chez Mammut UK, Alessandra Grolla chez Dainese et Fiona Sweetman chez Ski Club.

**Remerciements de Dorling Kindersley**
En plus des collaborateurs susmentionnés, DK aimerait exprimer sa reconnaissance envers Ed Wilson, Bob Bridle, Lettie Luff et Nicky Munro pour leur assistance à la rédaction, Michael Duffy et Su St Louis pour leur assistance à la conception graphique et Margaret McCormack pour l'indexation.

**Remerciements pour les photographies**
L'éditeur souhaite également remercier les sociétés suivantes d'avoir eu l'amabilité de nous permettre de publier leurs photographies : Melody Sky 1, 47 (haut), 48 (bas); Volkl 28-29 (centre), 29 (bas); Verbier Sport+ 49 (bas); Televerbier 75 (haut, à gauche); Verbier Ride 151 (haut).